INTELIGÊNCIA
POSITIVA

SHIRZAD CHAMINE

INTELIGÊNCIA POSITIVA

Por que só 20% das equipes
e dos indivíduos alcançam seu
verdadeiro potencial e como você
pode alcançar o seu

Tradução
Regiane Winarski

27ª reimpressão

Copyright © 2012 by Shirzad Chamine

O selo Fontanar foi licenciado pela Editora Schwarcz S.A.

*Grafia atualizada segundo o Acordo Ortográfico da Língua Portuguesa de 1990,
que entrou em vigor no Brasil em 2009.*

Título original
Positive intelligence

Capa
Tecnopop

Revisão
Raquel Correa
Cristiane Pacanowski
Joana Milli

CIP-Brasil. Catalogação na fonte
Sindicato Nacional dos Editores de Livros, RJ

C428i

    Chamine, Shirzad
       Inteligência positiva: por que só 20% das equipes e dos
indivíduos alcançam seu verdadeiro potencial e como você
pode alcançar o seu / Shirzad Chamine; tradução Regiane
Winarski. – 1ª ed. – Rio de Janeiro: Objetiva, 2013.

       Tradução de: Positive Intelligence : Why Only 20%
of Teams and Individuals Achieve Their True Poten-
tial and How You Can Achieve Yours.
      ISBN 978-85-390-0462-1

       1. Psicologia positiva. 2. Capacitação de empregados.
3. Autorrealização (Psicologia). 4. Sucesso nos negócios.
I. Título.

	CDD: 150.1
13-0842	CDU: 159.947

Todos os direitos desta edição reservados à
EDITORA SCHWARCZ S.A.
Rua Bandeira Paulista, 702, cj. 32
04532-002 — São Paulo — SP
Telefone: (11) 3707-3500
facebook.com/Fontanar.br
instagram.com/editorafontanar

Para minha filha Teesa
Para meu filho Kian

Vocês me ensinaram mais
do que eu poderia ensinar a vocês.

Em suas valorosas buscas
pela fonte elusiva do grande rio,
que vocês encontrem um lago tão puro,
com águas tão calmas,
que consigam ver, verdadeiramente ver,
estes seres magníficos, vocês.

Em seus caminhos sinuosos,
quando a vida empurra vocês para baixo,
que vocês, com grande satisfação,
procurem em meio à terra colorida
pistas que desvendem
o grande mistério que são vocês.

E quando se perderem
na noite tempestuosa e sem lua,
que vocês possam confiar profundamente
no guia sábio e eterno,
o verdadeiro
belo
você.

SUMÁRIO

Introdução 9

PARTE I: O QUE SÃO INTELIGÊNCIA POSITIVA E QP?

Capítulo 1: Inteligência Positiva e QP 13

Capítulo 2: As três estratégias para aumentar o QP 21

PARTE II: PRIMEIRA ESTRATÉGIA: ENFRAQUEÇA SEUS SABOTADORES

Capítulo 3: Autoavaliação dos dez sabotadores 37

Capítulo 4: Crítico, o Sabotador principal 57

PARTE III: SEGUNDA ESTRATÉGIA: FORTALEÇA SEU SÁBIO

Capítulo 5: A perspectiva do Sábio 71

Capítulo 6: Os cinco poderes do Sábio 81

PARTE IV: TERCEIRA ESTRATÉGIA: FORTALEÇA OS MÚSCULOS DO SEU CÉREBRO QP

Capítulo 7: Técnicas de boa forma para o Cérebro QP 99

PARTE V: COMO MEDIR SEU PROGRESSO

Capítulo 8: Pontuação QP e vórtice QP 117

PARTE VI: APLICAÇÕES

Capítulo 9: Aplicações no trabalho e na vida 133

Capítulo 10: Estudo de Caso: Liderando a si mesmo e uma equipe 151

Capítulo 11: Estudo de Caso: Aprofundando relacionamentos durante o conflito 161

Capítulo 12: Estudo de Caso: Vender, motivar, persuadir 177

Capítulo 13: Conclusão: O magnífico você! 195

Apêndice: Fundamentos do Cérebro QP 199

Agradecimentos 209

Notas 213

INTRODUÇÃO

Eu tinha 12 anos quando li um livro ilustrado sobre Sísifo, o rei punido depois de desafiar os deuses. Durante semanas, não consegui tirar a imagem da cabeça. O pobre ex-rei penosamente empurrava uma enorme pedra morro acima vez após outra, mas seus esforços sempre iam por água abaixo logo antes de chegar ao topo. Que tortura!, pensei. Senti o peso e fiquei deprimido só de pensar na história.

Levei anos observando a mim mesmo e aos outros até perceber que, em muitos aspectos da nossa vida, não estamos muito melhor do que Sísifo. Muitos de nossos esforços para aumentar nosso sucesso ou felicidade vão por água abaixo do mesmo jeito que a enorme pedra que rolava de volta até o pé do morro.

Pense bem. Por que a maior parte das resoluções de ano-novo é deixada de lado ano após ano? Por que a maior parte das pessoas que fazem dieta sucumbe ao efeito sanfona? Por que aquela voz irritante e ansiosa em nossa cabeça vive voltando para nos torturar quando estamos tentando dormir? Por que nossa felicidade plena é tão fugaz depois de alcançarmos o que achávamos que traria felicidade duradoura? Por que novas habilidades de liderança adquiridas em workshops em pouco tempo dão lugar aos velhos hábitos? Por que retiros caros de fortalecimento coletivo só resultam em eficiência temporária na coesão e no desempenho da equipe?

Estamos sim sendo torturados e punidos, assim como Sísifo. Mas eis a questão! A tortura é autoinfligida. A razão de tantas de nossas tentativas de aumentar o sucesso ou a felicidade resultarem em fiasco é que nós nos sabotamos. Mais precisamente, nossa própria mente nos sabota.

Sua mente é sua melhor amiga. Mas também é sua pior inimiga. Sem que você perceba completamente, "Sabotadores" não detectados na sua mente provocam a maior parte dos empecilhos na sua vida. As consequências são enormes. Só 20% dos indivíduos e equipes alcançam seu verdadeiro potencial. O resto de nós desperdiça muito tempo e muita energia vital bancando o Sísifo.

Com a Inteligência Positiva, você pode medir e melhorar significativamente a porcentagem de tempo que sua mente funciona em seu favor em vez de sabotar você. Isso vai mudar permanentemente o equilíbrio de poder dentro de sua mente, para que você consiga atingir mais de seu vasto e inexplorado potencial e ajudar outros a fazer o mesmo.

A Inteligência Positiva consiste em ações e resultados. Suas ferramentas e técnicas são uma síntese das melhores práticas em neurociência, ciência organizacional, psicologia positiva e coaching CoAtivo®. Afiei essas ferramentas durante muitos anos, primeiro por meio de minha própria experiência como CEO de duas empresas, e depois treinando centenas de outros CEOs, suas equipes de executivos seniores e, às vezes, as famílias deles. Essas ferramentas tinham que conseguir provocar um forte impacto em um curto espaço de tempo para poderem se encaixar em vidas agitadas e exigentes, com algumas levando até mesmo dez segundos para produzir resultados.

Sugiro que você tenha expectativas altas quanto ao que pode obter deste livro. Todas as histórias nele, apesar de simplificadas para ficarem mais curtas e claras, são baseadas em experiências reais dos meus clientes. Se as experiências dos que passaram por isso antes de você forem algum indicativo, o material deste livro pode transformar sua vida e pode ser um agente provocador de grande mudança no empenho da sua equipe ou da sua empresa. Não se conforme com nada menos do que isso.

PARTE I
O QUE SÃO INTELIGÊNCIA POSITIVA E QP?

CAPÍTULO 1

INTELIGÊNCIA POSITIVA E QP

Frank, o CEO de uma empresa de capital aberto, entrou na maior crise de desespero de sua ilustre carreira profissional quando as ações da empresa perderam dois terços do valor durante a recessão de 2008. Ele estava tão arrasado pelo fracasso que caiu no choro quando a filha de 10 anos perguntou por que ele estava tão triste. Ele não conseguia parar de se culpar pela queda vertiginosa da empresa e costumava acordar no meio da noite com a mente em turbilhão em busca de um jeito de tirá-la do buraco.

A equipe de gerenciamento sênior de Frank também estava vivenciando altos níveis de estresse, sentindo culpa e apontando dedos acusatórios quanto ao que tinha dado errado. Eles se preocupavam com o impacto sobre eles próprios, sobre os milhares de funcionários subordinados a eles e sobre suas famílias. Vinham trabalhando sem parar para mudar o rumo das coisas, mas sem muito sucesso. Foi quando Frank me procurou e pediu ajuda.

Quando o conheci, sugeri que a melhor aposta para uma virada duradoura na empresa era aumentar os níveis de Inteligência Positiva dele e da equipe. Usando os princípios da Inteligência Positiva, criamos uma pergunta central para reenquadrar e redirecionar a perspectiva da equipe e seus esforços: "O que precisamos fazer para que, dentro de três anos, possamos dizer que essa crise atual foi a melhor coisa que poderia ter acontecido com nossa empresa?"

A equipe de liderança sênior de Frank se mostrou cética quando ele elaborou a pergunta durante uma das reuniões semanais. Mas o ceticismo diminuiu e o entusiasmo aumentou gradualmente conforme Frank iniciou cada reunião semanal subsequente com a mesma pergunta. Ao contemplar a pergunta e usar muitas das ferramentas da Inteligência Positiva, eles conseguiram mudar a mentalidade do grupo, indo de ansiedade, decepção e culpa para curiosidade, criatividade, empolgação e ação determinada. Previ que dentro de um ano eles descobririam como poderiam transformar o fracasso coletivo em grande oportunidade. Eles levaram menos de seis meses.

Durante o ano e meio seguinte, a empresa se consolidou e simplificou a oferta de produtos. Ela dobrou a proposição de valor original da empresa, que tinha se perdido ao longo dos anos na busca de oportunidades de crescimento tentadoras, mas não relacionadas. Durante esse período, as ações da empresa lentamente recuperaram o valor. A cada mês, Frank e sua equipe ficavam mais convencidos de que a "nova" empresa seria mais dominante e bem-sucedida do que havia sido em seu melhor momento anterior.

Quando procurei Frank recentemente, ele relatou que valorizava seu elevado senso de paz e felicidade ainda mais do que seus impressionantes ganhos profissional e financeiro. Essa é uma reação típica, pois a Inteligência Positiva aumentada provoca impacto em ambos. O que Frank achou mais fascinante foi o fato de que começou a ter mais sucesso quando finalmente parou de acreditar que sua felicidade dependia desse sucesso.

O QUE SÃO INTELIGÊNCIA POSITIVA E QP?

Como já comentei, sua mente é sua melhor amiga, mas também é sua pior inimiga. A Inteligência Positiva mede a força relativa desses dois modos da sua mente. Uma Inteligência Positiva Alta significa que sua mente age como sua amiga bem mais do que como sua inimiga. Portanto, a Inteligência Positiva é uma indicação do controle que você tem sobre sua própria mente e o quão bem sua mente age em seu próprio benefício. Deveria ser relativamente fácil ver como seu nível de Inteligência Positiva determina o quanto de seu verdadeiro potencial você realmente alcança.

Para ilustrar, quando sua mente diz que você deveria fazer o seu melhor para se preparar para a reunião importante de amanhã, está agindo como sua amiga. Quando ela o acorda às três horas da madrugada, ansiosa por causa da reunião e repetindo em disparada pela centésima vez as muitas consequências do fracasso, está agindo como sua inimiga; está simplesmente gerando ansiedade e sofrendo sem qualquer valor compensado. Nenhum amigo faria isso.

QP é a sigla de Quociente de Inteligência Positiva. Seu QP é sua pontuação de Inteligência Positiva, expressado em percentual, indo de 0 a 100. Na prática, seu QP é a porcentagem de tempo em que sua mente age como sua amiga em vez de inimiga; ou, em outras palavras, é a porcentagem de tempo em que sua mente está agindo em seu favor em vez de sabotá-lo. Por exemplo, um QP de 75 significa que sua mente age em seu favor durante aproximadamente 75% do tempo e sabota você durante aproximadamente 25% do tempo. Não contamos os períodos de tempo em que sua mente está em território neutro.

No Capítulo 8, vou mostrar como o QP é medido tanto para indivíduos quanto para equipes. Também vou compartilhar pesquisas convincentes que indicam que uma pontuação QP de 75 é um ponto de virada crítico. Acima dele, você costuma ser elevado pelas dinâmicas internas da mente, e abaixo dele você é constantemente puxado para baixo por essas dinâmicas. Oitenta por cento dos indivíduos e equipes pontuam abaixo desse ponto de virada. É por isso que 80% deles ficam longe de atingir seu verdadeiro potencial de sucesso e felicidade. Meça seu próprio QP, ou o da sua equipe, visitando o site http://www.objetiva.com.br/testeinteligenciapositiva.

EVIDÊNCIAS EM PESQUISAS

Pesquisas revolucionárias atuais em neurociência, ciência organizacional e psicologia positiva validam os princípios da Inteligência Positiva e o relacionamento entre QP e desempenho e felicidade. Como mencionado, o QP mede a porcentagem de tempo em que seu cérebro trabalha positivamente (a seu favor) versus negativamente (sabotando você). Embora diferentes pesquisadores tenham usado métodos diferentes para detectar a positividade e calcular proporções entre positivo e negativo, os resultados foram incrivelmente consistentes. Por consistência e simplicidade, traduzi as descobertas de vários pesquisadores em duas interpretações de equivalência ao QP:

- Uma análise de mais de duzentos estudos científicos diferentes, que coletivamente testaram mais de 275 mil pessoas, concluiu que um QP maior leva a salários maiores e maior sucesso nas áreas de trabalho, casamento, saúde, sociabilidade, amizade e criatividade.[1]
- Vendedores com QP maior vendem 37% mais do que os colegas com QP menores.[2]

Inteligência Positiva e QP

- Negociadores com QP maior têm mais probabilidade de conseguir concessões, fechar negócios e construir futuros relacionamentos de negócios como parte dos contratos que negociam.[3]
- Trabalhadores com QP mais alto faltam menos por doença e têm menos probabilidade de se sentirem sobrecarregados e de pedirem demissão.[4]
- Médicos que mudaram para um QP maior fazem diagnósticos mais acurados 19% mais rápido.[5]
- Estudantes que mudaram para um QP maior se saem significativamente melhor em provas de matemática.[6]
- CEOs com QP maior têm mais probabilidade de liderar equipes felizes que relatam a atmosfera de trabalho como sendo propícia a um bom desempenho.[7]
- Equipes de projeto com gerentes com QP maior se saem 31% melhor em média quando outros fatores são similares.[8]
- Gerentes com QP maior são mais precisos e cuidadosos ao tomar decisões e reduzem o esforço necessário para que o trabalho seja feito.[9]
- Uma comparação de sessenta equipes mostrou que o QP de uma equipe era o fator para melhor previsão de seu sucesso.[10]
- Na Marinha dos Estados Unidos, os esquadrões liderados por comandantes de QP maior recebiam bem mais prêmios anuais por eficiência e preparação. Esquadrões liderados por comandantes com QP baixo tinham os piores desempenhos.[11]

Pesquisas inovadoras em psicologia e neurociência derrubam a suposição generalizada de que precisamos trabalhar duro para conseguirmos ter sucesso e então sermos felizes. Na realidade, aumentar seu QP resulta em mais felicidade e melhor desempenho, o que leva ao maior sucesso. O sucesso sem felicidade é possível com um baixo QP. Mas o único caminho para o sucesso pleno com felicidade duradoura é por meio do QP alto.

Além de causar impacto tanto no desempenho quanto na felicidade, o QP maior pode também causar impacto em sua saúde e longevidade:

- Pesquisas mostram que um QP mais alto resulta em um sistema imunológico mais eficiente, níveis menores de hormônios relacionados a estresse, menor pressão arterial, menos dor, menos resfriados, sono melhor e uma probabilidade menor de ter hipertensão, diabete e derrames.[12]

- Freiras católicas cujos diários pessoais do começo dos 20 anos de idade mostravam QP maiores viveram quase dez anos mais do que outras freiras do mesmo grupo. Um QP maior pode literalmente ajudar a viver mais.[13]

Poderíamos passar o livro todo esmiuçando dados de pesquisa. Na verdade, muitos livros excelentes fizeram isso. Várias obras de cientistas pioneiros como Barbara Fredrickson, Martin Seligman, Shawn Achor e Tal Ben-Shahar fornecem análises criteriosas de rigorosas pesquisas acadêmicas nesse campo nos anos recentes.[14] Neste livro, vou me concentrar em fornecer ferramentas específicas para realmente aguçar sua Inteligência Positiva e elevar sua pontuação de QP em meio a seu trabalho e vida atribulados.

COMO A INTELIGÊNCIA POSITIVA E O QP NASCERAM

Dizem que "a necessidade é a mãe da invenção", e isso foi verdade no nascimento do sistema de Inteligência Positiva. Eu originalmente desenvolvi esse sistema em uma tentativa de alcançar sucesso maior e paz e felicidade na minha vida. Todas as ferramentas e técnicas da Inteligência Positiva foram coisas que experimentei em mim mesmo primeiro, bem antes de me dar conta de que incontáveis pessoas poderiam se beneficiar delas também.

Tive uma infância difícil. Cresci na pobreza — uma criança sensível em um ambiente abusivo. Logo depois que nasci, o mercadinho que meu pai abriu faliu e meu pai se escondeu para fugir dos agiotas, que nos caçavam diariamente. Minha família era tão supersticiosa que decidiu que eu tinha dado azar ao negócio do meu pai. Como era tarde demais para se livrarem de mim, decidiram pelo menos mudar meu nome. Minha família nunca mais me chamou por meu nome real: Shirzad. Aquele evento se mostrou um presságio para a maior parte das minhas experiências de infância. Sem ter muitas das minhas necessidades físicas e emocionais satisfeitas, desenvolvi um casulo protetor de depressão. O ressentimento amargo e a raiva, de mim mesmo e do mundo, me seguiram até a vida adulta.

Eu tinha grandes ambições e conforme fui ficando mais velho percebi que precisava descobrir um jeito de parar de me sentir infeliz, com raiva e ansioso todo o tempo, para que pudesse me concentrar em me tornar alguém melhor. Inicialmente, minha busca me levou a um estudo dos mecanismos internos da mente. Um diploma com honra ao mérito em psicologia e um ano de estudo de ph.D. em neurobiologia se mostraram decepcionantes quanto a respostas. Parei de fazer perguntas mais profundas àquela altura. Decidi procurar a felicidade em conquistas profissionais, como muitos outros pareciam estar fazendo.

Passei os quatro anos seguintes estudando e obtendo um diploma de mestrado em engenharia elétrica numa universidade da Ivy League e trabalhando como analista de sistemas em um proeminente laboratório de pesquisas de telecomunicações. Estudei e trabalhei com dedicação e fui muito elogiado, coisas que eu achava que me trariam felicidade. Não trouxeram, então decidi que um MBA aceleraria meu progresso.

O ponto de virada que mudou minha vida e levou ao meu desenvolvimento do sistema de Inteligência Positiva veio quando eu estava sentado em um círculo com 11 outros alunos em uma aula de MBA em Stanford chamada Dinâmica Interpessoal.[15] Nossa diretriz nessa interação em grupo era sermos completamente autênticos e revelarmos tudo o que realmente estávamos sentindo e pensando no momento. Em determinado ponto, um dos meus colegas se virou para mim com certa apreensão e disse que costumava se sentir criticado por mim e que isso o incomodava. Eu ouvi e agradeci educadamente pelo feedback de grande auxílio, mas no fundo da mente estava pensando: *Bem, é claro que você se sente criticado por mim, seu idiota! Você é o maior fracassado deste grupo. O que mais eu poderia pensar de você?*

O grupo estava prestes a desviar a atenção de mim quando outra pessoa se virou para mim e disse uma coisa bem parecida. Mais uma vez, assenti e agradeci educadamente a ela, enquanto pensava que ela era obviamente a segunda maior fracassada do grupo. Em seguida, uma terceira e uma quarta pessoa falaram, repetindo a mesma coisa. Àquela altura, eu estava começando a me sentir desconfortável e um pouco zangado. Mas ainda estava ignorando o feedback. Afinal, tudo isso vinha de um bando de fracassados, eu pensei.

Em seguida, a pessoa sentada imediatamente à minha esquerda, que eu admirava muito, se levantou com asco e foi se sentar do outro lado do círculo. Acontece que ele tinha percebido minha falta de sinceridade ao reagir ao feedback. Ele disse que ficou muito frustrado por eu não estar disposto a realmente aceitar o feedback sobre minhas críticas e que não conseguia mais suportar se sentar ao meu lado. Disse que também tinha se sentido criticado por mim, só que positivamente. Ficou aborrecido porque sentiu que eu o tinha colocado em um pedestal e que não conseguia vê-lo como realmente era.

Aquela manifestação passional e honesta de sentimentos acabou rompendo a casca protetora do meu "Crítico" interior. Em um instante, reconheci que durante toda a minha vida vi tudo pelos olhos desse Crítico, categorizei tudo como bom ou ruim e classifiquei tudo de acordo com essas duas categorias. Imediatamente percebi que era um mecanismo protetor que comecei a usar durante minha infância para fazer a vida parecer mais previsível e controlável. Naquele dia, sentado em um círculo com 11 colegas, descobri o enorme poder destrutivo desse Crítico "Sabotador" que se escondia na minha cabeça e que eu nunca soubera que existia.

Aquela descoberta mudou tudo. Ela reavivou minha busca pelos mecanismos da mente que levam à felicidade ou à infelicidade, ao sucesso ou ao fracasso. O que acabei tendo como foco foram duas dinâmicas relacionadas:

1. Nossa mente é nosso pior inimigo; ela abriga personagens que ativamente sabotam nossa felicidade e nosso sucesso. Esses Sabotadores podem ser facilmente identificados e enfraquecidos.
2. Os "músculos" do cérebro que nos dão acesso à nossa grande sabedoria e discernimento ficam fracos depois de anos sem serem exercitados. Esses músculos cerebrais podem facilmente ser fortalecidos para nos darem maior acesso à nossa sabedoria mais profunda e poderes mentais inexplorados.

Exercícios que se concentram em uma ou nessas duas dinâmicas podem melhorar enormemente o QP de uma pessoa em um período relativamente curto de tempo. O resultado é uma melhora dramática no desempenho e na felicidade, tanto no trabalho quanto na vida pessoal.

QP EM AÇÃO

Já fui o presidente e o CEO do Coaches Training Institute (CTI). Somos a maior organização de treinamento para coaching do mundo. Treinamos milhares de coaches ao redor do mundo, líderes e gerentes na maior parte das empresas que formam a lista de quinhentas maiores empresas da revista *Fortune*, e docentes das faculdades de administração de Stanford e Yale. Fui coach de centenas de CEOs, muitas vezes de suas equipes executivas e, às vezes, de seus cônjuges e suas famílias.

Muitos dos CEOs e executivos seniores de quem fui coach ao longo dos anos tinham personalidade do tipo A, desinteressados e/ou nada à vontade com exploração psicológica profunda. Levando isso em consideração, as ferramentas e as técnicas de Inteligência Positiva foram elaboradas para criar resultados sem necessidade de primeiro haver o desenvolvimento de consciência psicológica profunda. Essas técnicas têm uma abordagem direta que literalmente constrói novos caminhos neurais em seu cérebro, caminhos que aumentam sua Inteligência Positiva. Um discernimento maior automaticamente acompanha a construção desses caminhos, o que equivale a construir novos "músculos" cerebrais.

Este livro está organizado em seis partes. A Parte I, da qual você está na metade, oferece uma visão geral da estrutura do QP, que continua no próximo capítulo. Há três estratégias diferentes para aumentar o QP, discutidas nas Partes II, III e IV. Na Parte V, você vai aprender como o QP é medido tanto para indivíduos quanto para equipes, para que você possa observar seu próprio progresso. A Parte VI discute as aplicações do QP a muitos desafios do trabalho e da vida, incluindo três estudos de caso detalhados. No final de cada capítulo, perguntas para reflexão levarão você a ligar os pontos entre o que está lendo e seu próprio trabalho e sua vida.

Seu potencial é determinado por muitos fatores, incluindo sua inteligência cognitiva (QI), sua inteligência emocional (QE) e suas habilidades, seus conhecimentos, experiência e rede social. Mas é sua Inteligência Positiva (QP) que determina que porcentagem do seu vasto potencial você realmente alcança.

Ao elevar meu QP, consegui converter as dificuldades e os desafios consideráveis da minha vida em dádivas e oportunidades para maior sucesso, felicidade e paz de espírito. Escrevi este livro acreditando que você pode aprender a fazer exatamente o mesmo.

Para refletir

Se você pudesse melhorar significativamente uma coisa importante, na vida pessoal ou profissional, como resultado da leitura deste livro, o que seria? Mantenha esse objetivo em mente enquanto lê.

CAPÍTULO 2

AS TRÊS ESTRATÉGIAS PARA AUMENTAR O QP

Quando faço palestras na Universidade de Stanford sobre a criação de mudanças duradouras, convido os executivos participantes a fazerem uma aposta. Conto-lhes sobre meu hipotético vizinho que vem tomando uma série de iniciativas para melhorar tanto o sucesso quanto a felicidade, dele mesmo e de outros. Ele tomou uma resolução de ano-novo de perder peso e permanecer magro. Levou a equipe para um retiro caro para unir seus membros, para ajudá-los a se tornarem mais coesos e eficientes. Participou de um workshop de dois dias para melhorar sua própria inteligência emocional e sua capacidade de liderança. Fez tudo isso um ano atrás, conto aos participantes. Agora, eles precisam apostar todo o dinheiro que têm escolhendo se acreditam que as mudanças que meu vizinho fez se mantinham ou haviam desaparecido.

Em que você apostaria? Espantosamente, cerca de 90% dos participantes de Stanford apostaram que as mudanças não tinham dado em nada. Digo para os outros que eles teriam perdido até as camisas em uma aposta otimista: as chances de melhoras significativas tanto no desempenho quanto na felicidade são mantidas na proporção de apenas 1 para 5.[16]

Pesquisas sobre felicidade confirmam que as pessoas costumam regredir para o que os cientistas sociais chamam de nível de "felicidade de referência" pouco tempo depois dos eventos ou das conquistas que aumentam significativamente a felicidade. Isso inclui vencedores de grandes somas na loteria.[17]

Muitos executivos reclamam sobre o mesmo fenômeno relacionado às tentativas de melhorar o desempenho individual ou da equipe por meio de coaching, feedback rigoroso de avaliação de desempenho, resolução de conflitos e intervenção, workshops de desenvolvimento de capacidade e retiros para coesão de equipe. As pessoas se mostram resistentes a mudanças, mesmo quando parecem achar que querem mudar.

Pense em sua própria vida. O quão duradouros foram seus próprios aumentos de felicidade quando você alcançou as coisas que tinha certeza de que o fariam mais feliz? Pense em quantos livros você leu e nos muitos treinamentos dos quais participou na esperança de melhorar seu desempenho no trabalho e sua felicidade. Que porcentagem dessas melhorias durou? A probabilidade é que sua própria experiência confirme que melhorias individuais costumam durar pouco ou pelo menos se desgastar significativamente. A pergunta é: *por quê?*

A chave para a resposta, como sugeri previamente, é uma palavra: *sabotagem.* A não ser que você detenha e enfraqueça seus próprios inimigos internos (vamos chamá-los de Sabotadores), eles farão o melhor que puderem para roubar de você qualquer melhoria. Ignorar seus Sabotadores é como plantar um belo e novo jardim e deixar lesmas vorazes soltas nele. É aí que a Inteligência Positiva pode ajudar.

Ela leva você às linhas de fogo da incessante batalha em sua mente. De um lado desse campo de batalha estão os Sabotadores invisíveis, que destroem qualquer tentativa de aumentar sua felicidade e seu desempenho. Do outro lado está seu Sábio, que tem acesso ao seu conhecimento, discernimento e, com frequência, aos poderes mentais inexplorados. Seus Sabotadores e seu Sábio são alimentados por regiões diferentes do seu cérebro físico e fortalecidos quando você ativa essas regiões. Assim, sua guerra interna entre seus Sabotadores e seu Sábio costuma estar ligada a uma guerra pelo domínio das diferentes partes do seu cérebro. A força dos seus Sabotadores em comparação à força do seu Sábio determina seu nível de QP e o quanto de seu verdadeiro potencial você consegue efetivamente alcançar.

CONHECENDO OS SABOTADORES

Os Sabotadores são os inimigos internos. São um conjunto de padrões mentais automáticos e habituais, cada um com sua própria voz, crença e suposições que trabalham contra o que é melhor para você.

Os Sabotadores são um fenômeno universal. A questão não é se você os tem, mas quais tem e o quão fortes são. Eles são universais (existem em todas as culturas, faixas etárias e nos dois gêneros) porque estão ligados às funções do cérebro que se concentram na sobrevivência. Cada um de nós desenvolve Sabotadores desde a infância para conseguir sobreviver às ameaças que percebemos na vida, tanto físicas quanto emocionais. Quando chegamos à idade adulta, esses Sabotadores não são mais necessários, mas se tornaram habitantes invisíveis da nossa mente. Em geral, nem sabemos que existem.

Qualquer conhecedor da história da Segunda Guerra Mundial sabe que os sabotadores mais poderosos e destruidores foram os que se insinuaram e foram aceitos na cúpula do lado inimigo como amigos e aliados. O mesmo acontece com seus Sabotadores internos. O pior dano é causado pelos que convenceram você, por meio de mentiras, de que trabalham a seu favor e não contra você. Eles foram aceitos e vistos com confiança por sua cúpula e você não os vê mais como intrusos.

Aqui está uma breve descrição dos dez Sabotadores, com a intenção de dar a você uma ideia de como cada um funciona. Por enquanto, não se preocupe em tentar se lembrar de todos e nem de avaliar quais são os seus principais Sabotadores. Você vai aprender a identificar seus Sabotadores mais ativos nos próximos capítulos.

O Crítico

O Crítico é o principal Sabotador, o que afeta todo mundo. Ele leva você a constantemente encontrar defeitos em si mesmo, nos outros e nas suas condições e circunstâncias. Gera a maior parte da sua ansiedade, estresse, raiva, decepção, vergonha e culpa. A mentira dele para se justificar é a de que, sem ele, você ou os outros se transformariam em seres preguiçosos e sem ambição que não iriam muito longe. Assim, a voz dele costuma ser confundida com a voz durona da razão em vez de o Sabotador destrutivo que realmente é.

O Insistente

O Insistente é a necessidade de perfeição, ordem e organização levada longe demais. Ele deixa você e os outros ao seu redor ansiosos e nervosos. Drena a sua energia ou a dos outros com medidas extras de perfeição que não são necessárias. Também faz você viver em constante frustração consigo mesmo e com os outros por as coisas não estarem perfeitas o bastante. A mentira dele é que o perfeccionismo é sempre bom e que você não paga um preço muito alto por ele.

O Prestativo

O Prestativo obriga você a tentar ganhar aceitação e afeição ao ajudar, agradar, salvar ou elogiar os outros constantemente. O resultado é que ele faz com que você perca de vista suas próprias necessidades e se ressinta dos outros. Também encoraja os outros a se tornarem exageradamente dependentes de você. A mentira dele é que você está agradando os outros porque é uma coisa boa de se fazer, negando que, na verdade, você está tentando ganhar afeição e aceitação indiretamente.

O Hiper-Realizador

O Hiper-Realizador deixa você dependente de desempenho e realizações constantes para ter respeito e validação próprios. Ele mantém você concentrado principalmente no sucesso exterior em vez de no critério interior para felicidade. Costuma levar a tendências insustentáveis de vício em trabalho e faz com que você perca contato com necessidades emocionais e de relacionamento mais profundas. A mentira dele é que sua aceitação própria deveria ser dependente do desempenho e da valorização externos.

A Vítima

A Vítima quer que você se sinta emotivo e temperamental como forma de ganhar atenção e afeto. Ela resulta em um foco extremo em sentimentos internos, principalmente os dolorosos, e pode muitas vezes resultar em uma tendência a se martirizar. As consequências são que você desperdiça sua energia mental e emocional, e os outros se sentem frustrados, impotentes ou culpados de nunca conseguirem fazer você feliz por muito tempo. A mentira da Vítima é que assumir a figura de vítima ou mártir é a melhor maneira de atrair cuidado e atenção para si mesmo.

O Hiper-Racional

O Hiper-Racional coloca um foco intenso e exclusivo no processo racional de tudo, incluindo relacionamentos. Ele faz com que você seja impaciente com as emoções das pessoas e as veja como indignas de muito tempo e consideração. Quando você está sob a influência do Hiper-Racional, pode ser visto como frio, distante ou intelectualmente arrogante. Ele limita sua profundidade e flexibilidade em relacionamentos no trabalho e em sua vida pessoal e intimida pessoas com mentes menos analíticas. A mentira dele é que a mente racional é a forma mais importante e útil de inteligência que você possui.

O Hipervigilante

O Hipervigilante faz você sentir ansiedade intensa e contínua em relação a todos os perigos que cercam você e em relação a tudo o que poderia dar errado. Ele fica constantemente em estado de alerta e nunca pode descansar. Isso resulta em uma grande quantidade de estresse contínuo que exaure você e os outros. A mentira dele é que os perigos ao seu redor são maiores do que realmente são e que a vigilância ininterrupta é a melhor maneira de lidar com eles.

O Inquieto

O Inquieto está constantemente em busca de emoções maiores na próxima atividade ou mantendo-se sempre ocupado. Ele não permite que você sinta muita paz e alegria com sua atividade atual. Dá a você uma contínua série de atividades que o faz perder o foco nas coisas e nos relacionamentos que realmente importam. As outras pessoas têm dificuldade em acompanhar a pessoa guiada pelo Inquieto e costumam se sentir distantes dele ou dela. A mentira dele é que, ao se manter tão ocupado, você está vivendo a vida intensamente, mas ele ignora o fato de que a busca por uma vida cheia faz você perder a vida que está acontecendo no momento.

O Controlador

O Controlador funciona movido a uma necessidade ansiosa de estar no comando, controlar situações e dirigir as ações das pessoas de acordo com a vontade dele. Ele gera alta ansiedade e impaciência quando isso não é possível. Na visão do Controlador, ou você está no controle, ou está fora de controle. Enquanto o Controlador permite que você consiga resultados em curto prazo, ele acaba gerando ressentimento nos outros em prazos mais longos e impede que eles exercitem e desenvolvam sua capacidade plena. A mentira dele é que você precisa do Controlador para extrair os melhores resultados das pessoas ao seu redor.

O Esquivo

O Esquivo se concentra no positivo e no prazeroso de uma maneira extrema. Ele evita tarefas difíceis e desagradáveis e conflitos. Ele leva você aos hábitos de procrastinar e fugir de conflitos. Isso resulta em explosões nocivas, em conflitos sufocados que foram deixados de lado, e provoca atrasos na conclusão de coisas. A mentira dele é que você está sendo positivo, e não evitando seus problemas.

O SÁBIO

Se seus Sabotadores representam seus inimigos interiores, seu Sábio representa a parte mais profunda e inteligente de você. Ele é a parte que pode se elevar acima da confusão e não permitir se deixar levar pelo drama e pela tensão do momento e nem ser vítima das mentiras dos Sabotadores. A perspectiva dele de qualquer desafio que você encara é que esse desafio ou já é uma dádiva e uma oportunidade, ou pode ser transformado nisso. Ele tem acesso a cinco grandes poderes da sua mente e os mobiliza para encarar qualquer desafio. Esses poderes residem em áreas da sua mente diferentes das que alimentam seus Sabotadores.

Os cinco grandes poderes do seu Sábio são: 1. explorar com grande curiosidade e mente aberta; 2. ter empatia consigo mesmo e com outros e levar compaixão e compreensão a qualquer situação; 3. inovar e criar novas perspectivas e soluções fora dos parâmetros convencionais; 4. navegar e escolher um caminho que melhor se encaixe em seus valores e missão mais profundos e básicos; e 5. ativar e ter ações decisivas sem o tormento, a interferência e as distrações dos Sabotadores.

Em capítulos subsequentes, vou mostrar que você tem um grande reservatório desses poderes dentro de si, o que costuma passar despercebido. Também vou mostrar como todo desafio no trabalho e na vida pode ser encarado pelo Sábio, por sua perspectiva e seus cinco poderes. Se você usar seu Sábio para superar esses desafios, vai vivenciar sentimentos Sábios de curiosidade, compaixão, criatividade, alegria, paz e determinação consciente mesmo em meio à maior das crises. Você vai ver por si mesmo que seus Sabotadores nunca são necessários para superar nenhum desafio, apesar das mentiras que eles contam para justificar suas próprias existências.

TRÊS ESTRATÉGIAS PARA MELHORAR SEU QP

Como mencionei antes, há uma conexão direta entre as diferentes regiões e funções do cérebro, dependendo se você está em seu modo Sabotador ou Sábio. Os Sabotadores são alimentados primordialmente por regiões do seu cérebro que se concentravam inicialmente em sua sobrevivência física ou emocional. Vamos chamar essas regiões de Cérebro Sobrevivente. O Sábio se baseia em regiões completamente diferentes do cérebro, que vamos chamar de Cérebro QP. Esse enlace de cérebro Sabotador-Sábio resulta em três estratégias distintas, porém relacionadas, para melhorar seu QP: 1. enfraquecer seus Sabotadores; 2. fortalecer seu Sábio; e 3. fortalecer os músculos do seu cérebro QP.

Fig. 1 Três estratégias relacionadas para melhorar o QP

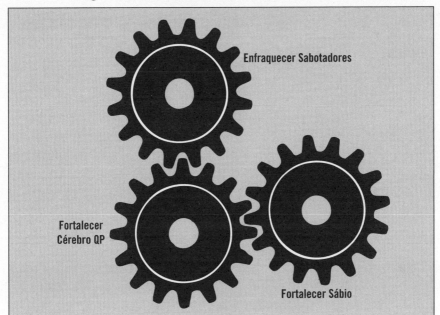

Estratégia 1: Enfraquecer seus Sabotadores
Enfraquecer seus Sabotadores envolve identificar que padrões de pensamento e emoção vêm de seus Sabotadores e ver claramente que eles não são bons para você. Tipicamente, esses Sabotadores se justificam e fingem que são seus amigos. Ou, pior ainda, fingem que são você. Nos capítulos 3 e 4, vamos tirar as máscaras e expor os truques deles para reduzir a credibilidade e o poder que exercem sobre você. Para enfraquecer seus Sabotadores, tudo o que você precisa fazer é observar e rotular os pensamentos ou sentimentos deles quando aparecerem. Por exemplo, você pode dizer para si mesmo: "Ah, o Crítico voltou para dizer que vou fracassar" ou "Aí está o Controlador se sentindo ansioso de novo".

Estratégia 2: Fortalecer seu Sábio
Fortalecer seu Sábio envolve mudar para a perspectiva do Sábio e acessar os cinco poderes que ele usa para encarar todos os desafios. Você vai ver por si só que tem esse Sábio dentro de você e que ele sempre oferece maneiras melhores de lidar com seus desafios do que as opções que os Sabotadores oferecem. Nos capítulos 5 e 6, você vai aprender a perspectiva do Sábio e

divitidos "jogos de poder" que vão ajudar a acessar e estimular os cinco poderes do Sábio sempre que você precisar deles.

Estratégia 3: Fortalecer os músculos do seu Cérebro QP

Fortalecer os músculos do seu Cérebro QP envolve entender a diferença entre seu Cérebro QP e seu Cérebro Sobrevivente. Você vai ver como os músculos do seu Cérebro QP permaneceram sem desenvolvimento ao longo dos anos, enquanto os músculos do seu Cérebro Sobrevivente andaram usando esteroides. No Capítulo 7, você vai aprender técnicas muito simples e divertidas que vão rapidamente intensificar a força dos seus músculos do Cérebro QP.

Cada uma dessas três estratégias pode ser aplicada de maneira independente e resulta no aumento do seu QP. Melhor ainda, elas reforçam e desenvolvem umas às outras. Por exemplo, você vai aprender a fortalecer seus músculos do Cérebro QP por meio de muitas atividades simples, incluindo algumas estranhas como balançar os dedos dos pés com atenção e esfregar os dedos com atenção por dez segundos. Ao primeiro olhar, esses exercícios podem parecer não estar relacionados com seu Sábio e seus Sabotadores. No entanto, vou mostrar que eles ajudam a ativar seu Cérebro QP, que por sua vez dá a você maior acesso à perspectiva e aos poderes do Sábio.

Além disso, estimular seu Cérebro QP enfraquece seu Cérebro Sobrevivente, que alimenta seus Sabotadores. E cada vez que você escolhe a perspectiva do Sábio, ou observa e rotula seus pensamentos ou sentimentos Sabotadores, você automaticamente ativa e fortalece seu Cérebro QP.

Cada uma dessas três estratégias (enfraquecer seus Sabotadores, fortalecer seu Sábio e fortalecer os músculos do seu Cérebro QP) pode ser executada com o uso de técnicas que levam dez segundos ou menos. Elas foram planejadas para se encaixarem em sua rotina carregada de trabalho e vida pessoal. Pessoas diferentes preferem estratégias diferentes, e você vai descobrir sozinho quais acha mais gratificantes e atraentes. Depois de implementar sua estratégia básica, as outras duas vão acompanhar automaticamente.

A HISTÓRIA DE DAVID

David é um daqueles raros empreendedores que conseguem fundar uma empresa e se manter no comando bem depois de ela chegar à marca de um bilhão de dólares. Pouco depois de sua empresa abrir o capital, David se viu sob uma carga de estresse sem precedentes. Depois de anos de crescimento explosivo e lucrativo consistente, a equipe dele parecia a caminho do primeiro ano de perdas. O resultado seria desastroso para as ações novatas no mercado. David tinha que mudar o rumo das coisas, e precisava fazer isso rápido. Ele me pediu para trabalhar com a equipe dele.

Depois de uma rápida avaliação de QP, falei para David que a maneira mais veloz e eficiente de aumentar consideravelmente o desempenho era melhorar o QP dele próprio e da equipe. O QP dele tinha sido avaliado em 48 e o da equipe, em 52. Isso significava que ou eles estavam desperdiçando muita energia mental e emocional, ou a estavam usando para sabotarem a si próprios. Era provável que conseguissem melhorar o desempenho significativamente ao ajustar as estratégias e táticas e ao aprimorar as habilidades. Mas parar de se autossabotarem e mobilizar os poderes do Sábio teriam efeitos muito mais fortes e duradouros.

David a princípio ficou intrigado com minhas sugestões. Ele e a equipe tinham orgulho do uso que faziam de técnicas de pensamento positivo e achavam que por essa prática significava que já tinham QPs altos. Afinal, o desempenho da empresa antes de abrir o capital tinha sido bom. A questão era: por que estavam tendo dificuldades de repente? Sugeri que as técnicas de pensamento positivo não se equiparavam ao poder dos Sabotadores camuflados que interferiam. Parecia que os Sabotadores tinham sido superestimulados desde que a empresa tinha aberto o capital, o que faz sentido: o estresse os alimenta e abastece. Além disso, administrar uma empresa pública era diferente de administrar uma empresa privada. Os Sabotadores dos membros da equipe estavam dificultando que eles mudassem alguns dos modos ultrapassados com os quais estavam administrando o negócio.

Nosso primeiro trabalho era nos concentrarmos em David, pois o QP do líder causa impacto significativo no QP da equipe. Sugeri que começássemos a aumentar o QP dele expondo e enfraquecendo seu maior Sabotador, o Crítico.

A primeira reação de David foi de que não tinha um Crítico forte, pois não era uma pessoa muito crítica. Expliquei que o Crítico em geral se disfarça bem, e que costumamos não perceber quando estamos criticando. A maior parte dos sentimentos de estresse, ansiedade, frustração, decepção, arrependimento e culpa são resultado direto de criticar a si mesmo, os outros, situações ou resultados. O grande estresse e desconforto que David estava sentindo me disse que ele devia ter um forte Crítico na cabeça que estava fingindo ser seu amigo.

Para mostrar o poder que o Crítico dele tinha, examinamos os pensamentos que fizeram com que David rolasse na cama às três horas da madru-

As três estratégias para aumentar o QP

gada anterior. Ele escreveu vinte pensamentos. Pedi que classificasse cada um como neutro, útil ou prejudicial. David decidiu que três dos pensamentos eram úteis: lembrar-se de marcar uma reunião com um fornecedor, falar com o RH sobre o pacote de compensações de um funcionário e pedir ao assistente que marcasse uma viagem para uma conferência. Concordei com David que esses três eram pensamentos úteis. Ainda assim, perguntei o que teria acontecido se esses pensamentos não tivessem ocorrido às três horas da madrugada, interrompendo seu descanso. Ele concordou que provavelmente teriam ocorrido mais tarde no mesmo dia e que nada teria se perdido.

David marcou cinco pensamentos como neutros. Eles incluíam lembrar o dia da formatura na escola, sua primeira viagem à África e seu primeiro inverno em Nova York. Concordamos em classificar esses pensamentos como neutros e aleatórios, embora um psicanalista pudesse se divertir com eles.

Em seguida, examinamos o que David tinha classificado com precisão, porém hesitantemente, como pensamentos prejudiciais, tal como a possibilidade de a diretoria demiti-lo se o desempenho da empresa não melhorasse. Isso levou a uma cascata de pensamentos sobre o que aconteceria com sua reputação, se ele conseguiria permanecer na grande casa em que morava e com seus carros de luxo etc. Outros pensamentos provocadores de ansiedade incluíam preocupação em potencialmente perder um cliente grande que parecia infeliz e o medo de uma apresentação futura para os investidores não ser boa. Alguns pensamentos eram sobre arrependimentos. Por que não tinha reagido mais rapidamente a uma mudança na dinâmica do mercado? Por que tinha contratado o sujeito errado para a área de desenvolvimento de negócios e desperdiçou nove meses até demiti-lo?

David disse que estava hesitante em classificar com firmeza esses pensamentos como prejudiciais porque eles o mantinham alerta e o pressionavam a trabalhar muito para virar o jogo. Perguntei se era a primeira vez que estava tendo esses pensamentos. Ele admitiu que eram recorrentes e que os tivera dezenas ou centenas de vezes.

Eu disse para David que não tinha problema a mente dele lembrá-lo da importância de uma reunião uma vez. Ele poderia usar o lembrete para se preparar para a reunião. Mas não havia nada de útil em seu Crítico ficar insistindo repetidamente em deixá-lo angustiado às três horas da madrugada, quando não havia nada que ele pudesse fazer além de rolar na cama. Em seguida, expliquei que isso também era verdade quanto a ponderar sobre erros passados. Rever um erro uma vez como tentativa de aprender com ele

30

e não repeti-lo era útil. Mas ser perturbado várias vezes não era útil. Os resultados eram falta de energia, pouco descanso e ansiedade, estresse, decepção, culpa e arrependimento constantes. Era pura e simples sabotagem.

David começou a perceber lentamente que seu Crítico não era o amigo que fingia ser. Considerando o papel dele como o maior Sabotador, concordamos em nos concentrar inicialmente no Crítico de David e não nos distrairmos com nenhum outro Sabotador.

Via de regra, essa estratégia de se concentrar em enfraquecer o Crítico teria sido trabalho suficiente para a semana seguinte. Mas David queria progredir o mais rápido possível, então debatemos acrescentar a segunda estratégia, de fortalecer os músculos do Cérebro QP. Criamos um plano simples de conectar essas duas estratégias e transformar o persistente Crítico no próprio *personal trainer* do Cérebro QP. Cada vez que o Crítico aparecesse, David o usaria como lembrete para ativar os músculos do Cérebro QP e torná-los mais fortes. Isso levaria apenas dez segundos e poderia ser feito enquanto ele estava em uma reunião, dirigindo ou se exercitando. A beleza desse plano era que o Crítico agora trabalharia em sua própria destruição; conforme o cérebro QP se fortalece, os Sabotadores se enfraquecem.

Por exemplo, se David tivesse o pensamento "Qual é o seu problema, David? Por que fez essa besteira?", ele diria para si mesmo "Ah, lá vem o Crítico de novo", e ativaria seu Cérebro QP por dez segundos. Também discutimos uma variedade de formas para ele ativar o cérebro QP. Seus métodos favoritos eram respirar um pouco mais fundo três vezes seguidas, mexer os dedos dos pés com atenção e reparar em cada um deles, e sentir cada uma das pontas dos dedos ao esfregá-las umas contra as outras.

David não acreditava que exercícios tão simples pudessem ter os efeitos dramáticos que eu alegava que teriam. Expliquei que dizer "sem dor não há ganho" era uma das muitas mentiras autorrealizáveis do Crítico dele e que uma coisa não precisa ser difícil para ser eficiente. Além do impacto positivo significativo, os exercícios também eram divertidos, relaxantes e energizantes.

Quando conversei com David uma semana depois, ele estava impressionado com o quanto a voz do Crítico tinha predominado. Depois que David começou a prestar atenção ao Crítico, descobriu suas digitais maldosas em todos os lugares. Era como se seu Crítico estivesse emitindo opiniões constantes, sussurrando ou gritando nos ouvidos dele sem parar.

David disse que foi simultaneamente encorajado e desencorajado pelo trabalho. Ficou desencorajado por seu inimigo interior ser tão predominante, poderoso e persistente. Mas disse que houve uma mudança imediata quando passou de "Acho que não vamos conseguir" para "Meu Crítico diz que acha que não vamos conseguir". Depois que David expôs o Crítico como inimigo e começou a reparar e rotular seus pensamentos destrutivos, o Crítico perdeu parte de sua credibilidade e poder sobre David.

Depois de duas semanas nos concentrando no Crítico e fortalecendo os músculos do Cérebro QP, desviamos nossa atenção para o Sabotador cúmplice de David, o Controlador.

Os Sabotadores ficam mais fortes e mais ativos com aumento de estresse. O aumento de estresse de David nos meses anteriores, alimentado em boa parte pelo Crítico, tinha dado mais energia ao Sabotador Controlador. Quanto mais as coisas não aconteciam como ele queria, mais tirano o Controlador ficava. Isso produziu resultados de curto prazo que reduziram temporariamente a ansiedade, mas impediram que ele e a equipe vissem e agarrassem oportunidades que promoveriam uma mudança mais prolongada no futuro deles. Em resposta ao Controlador, a equipe de David fez o que ele desejava, mas dedicou menos de si ao trabalho, pois não tinha muito espaço para agir.

Quando falei com David sobre isso, ele reconheceu que talvez seu Controlador não permitisse que os membros de sua equipe caminhassem impulsionados por sua própria força e criatividade. Essa era uma das razões para ele sentir o peso total da empresa nos ombros. Mas David também tinha medo de descartar o Controlador, que ficava dizendo coisas como: "Fui eu quem gerou todos os resultados para você. Se eu não me impuser, nada acontece. Haverá caos. As pessoas precisam de mim para dizer a elas o que fazer. Ficarão perdidas sem isso. As pessoas podem não gostar de mim, mas sabem que produzo resultados."

Era verdade que o Crítico e o Controlador alcançavam resultados para David e traziam a sensação de realização em curto prazo, então não podíamos apenas abandonar esses Sabotadores sem substituí-los pelo Sábio. A boa notícia foi que, quando David ativou seu Cérebro QP, ele automaticamente fortaleceu a voz do Sábio e teve acesso a seus poderes maiores. David não precisava do tormento do Crítico e do Controlador para ser um indivíduo voltado para a ação, decisivo e eficiente.

David começou a ver o Crítico e o Controlador em toda parte. Ele disse que era como comprar um carro esporte vermelho novo e de repente ver o mesmo carro em todos os lugares. A boa notícia era que ele estava achando divertido mudar a atenção para ativar o Cérebro QP por dez segundos quando via a aparição do Crítico ou do Controlador. Enquanto ele fortalecia seu Cérebro QP, a sabedoria do Sábio sobrepujava os ruídos do Sabotador cada vez com mais frequência. Ele sempre descobria que havia uma maneira melhor, mais fácil, mais criativa e mais alegre de lidar com os desafios.

David aprendeu a relaxar mais, a confiar mais em si mesmo e em sua equipe e a aliviar no controle para abrir espaço para que a sabedoria e o poder coletivos da equipe despontassem. Como os membros da equipe estavam trabalhando para aumentar seus próprios QPs, as soluções sábias e criativas que surgiram dos Sábios coletivos excederam muito o que qualquer um deles poderia ter pensado sozinho no passado.

Quando David relatou que ficava ansioso pela reunião semanal da equipe e se sentia energizado por ela, eu soube que o QP da equipe devia ter aumentado consideravelmente. Uma avaliação mostrou que tinha ido de 52 para 78. O QP de David tinha aumentado de 48 para 75. Mas havia uma exceção ao progresso. Um dos membros da equipe parecia não estar disposto a mudar o nível de positividade e deixava um abismo cada vez maior entre si e o resto da equipe. Ele acabou pedindo demissão.

David e sua equipe levaram dois trimestres para interromper a queda em espiral e começar a virada. As ações da empresa ficaram baixas durante um tempo, mas acabaram se recuperando. Recentemente encontrei David no aeroporto JFK, cansado da viagem, mas feliz, pois estava voltando de um período de férias na Europa com a família. No longo voo de volta, ele começou a contar ao filho de 11 anos sobre o Crítico. O filho ouviu com atenção e disse: "Vou chamar o meu de Fazedor de Cocô, papai. Ele sempre faz uma confusão na minha cabeça." Nós dois concordamos que era uma boa descrição do Crítico.

Para refletir

O que você acharia energizante, promissor ou estimulante na Inteligência Positiva? O que o deixa cético? Como você saberia se seu ceticismo fosse gerado por um Sabotador tentando ficar no poder?

PARTE II

PRIMEIRA ESTRATÉGIA: ENFRAQUEÇA SEUS SABOTADORES

Na Parte II, você vai aprender a primeira das três estratégias para aumentar o QP: enfraquecer seus Sabotadores.

No Capítulo 3, você vai aprender mais sobre o maior Sabotador, o Crítico, e os nove Sabotadores cúmplices. Vai executar uma autoavaliação para determinar qual dos nove Sabotadores cúmplices é mais forte em você e vai aprender técnicas para enfraquecê-lo.

No Capítulo 4, você vai se concentrar em entender o Crítico melhor para que possa expô-lo e enfraquecê-lo.

CAPÍTULO 3

AUTOAVALIAÇÃO DOS DEZ SABOTADORES

Tenho uma foto minha de quando tinha uns 2 anos. Ela me revela de cabeça baixa e ombros caídos, em desespero, com olhos tristes que se perguntavam o que eu estava fazendo neste mundo e quanto tempo mais conseguiria suportar. Sei agora que eu já tinha começado a me isolar dos meus medos e dores. Esse processo, que acabou resultando em dois Sabotadores muito fortes, o Crítico e o Hiper-Racional, me permitiu sobreviver à infância. Esse é o papel inicial dos Sabotadores: nos ajudarem a sobreviver.

Como esses Sabotadores formaram as lentes pelas quais eu via e interagia com o mundo, demorei quase trinta anos para descobrir que existiam. Depois que descobri, também percebi que, embora não precisasse mais deles para sobreviver depois de adulto, eles continuavam a exercer uma grande influência negativa na minha mente.

Quarenta anos depois que essa foto foi tirada, ajudei a trazer um garotinho para este mundo que é precioso de todas as maneiras possíveis. Minha esposa e eu utilizamos tudo o que sabemos para sermos ótimos pais para Kian. Com saúde, uma família que o ama, com educação sólida e crescendo na bela cidade de São Francisco, ele é um garoto de sorte. Ainda assim, quando chegou aos 10 anos, reparei na formação familiar do Crítico e, no caso dele, do Sabotador Esquivo. A formação do Sabotador é um processo normal e é o primeiro estágio em nosso desenvolvimento mental, quando formulamos estratégias de sobrevivência. Os melhores pais e a melhor criação não podem nos salvar desse drama mental.

A formação dos Sabotadores começa a fazer sentido depois que você percebe que o objetivo principal dos primeiros 15 a vinte anos de vida é sobreviver tempo o bastante para passar seus genes adiante. Nesse sentido, não somos muito diferentes dos filhotes de tartaruga marinha se arrastando para a segurança do oceano assim que saem dos ovos. Mas, para a criança humana, a sobrevivência tem um componente que vai além da sobrevivência física. Também precisamos sobreviver emocionalmente. O cérebro humano está preparado para prestar atenção ao meio ambiente nos nossos primeiros anos e se ajustar a ele, para que possamos suportar o peso emocional que encontramos e conseguir chegar à idade adulta e reprodutiva.

Mesmo se você não teve uma infância difícil, a vida ainda assim apresentou muitos desafios para os quais os seus Sabotadores foram inicialmente desenvolvidos. Você pode ter tido pais amorosos, mas ainda havia o medo de sua mãe ficar doente e você não saber se ela voltaria do hospital. Ou talvez você tenha tido um irmão que seus pais pareciam preferir. E, é claro, havia crianças na escola que eram mais altas, mais inteligentes, mais rápidas ou mais engraçadas do que você, e as que pareciam não gostar de você. Houve algum momento em que você fracassou publicamente, foi rejeitado ou traído. Houve um momento em que se sentiu apavorado com a ideia de morte, da fome ou de um dos incontáveis perigos deste mundo caótico. Houve um momento em que prometeu a si mesmo (e que provavelmente não lembra conscientemente) que se protegeria melhor para que as coisas ruins não acontecessem a você com tanta frequência.

Seus Sabotadores eram os amigos que ajudavam a manter a promessa. A infância é um campo minado emocional, independente do quão bom eram seus pais. Os Sabotadores são um fenômeno universal. O fato de você não estar ciente deles não significa que não existam. Se você acha que não os tem, está correndo um risco ainda maior: seus Sabotadores estão se escondendo bem.

O PROBLEMA DOS SABOTADORES

Usamos muitos mecanismos temporários para sobreviver fisicamente à infância. Eles incluem usar um cordão umbilical, beber apenas leite até que nosso aparelho digestivo amadureça e ter dentes de leite até haver espaço suficiente para dentes maiores e permanentes. Conforme amadurecemos fisicamente, substituímos esses mecanismos por outros que se encaixam melhor em nossa idade adulta. Idealmente, nossas estratégias mentais de sobrevivência funcionariam de maneira similar: abandonaríamos as estratégias de Sabotadores da infância em favor de outras mais maduras que fossem mais adequadas aos anos adultos, menos vulneráveis. O desafio é que, depois de formados, os Sabotadores não somem voluntariamente. Eles ficam em nossa cabeça e se entranham.

Imagine como seria se, quando adulto, você ainda estivesse ligado à sua mãe pelo cordão umbilical, ou ainda só pudesse tomar leite, ou ainda tivesse dentes de leite. Imagine se você colocasse um gesso em uma perna quebrada aos 5 anos para protegê-la de outros ferimentos e depois nunca mais tirasse. Por mais bizarro que possa parecer, não é muito distante do que realmente acontece a nós mental e emocionalmente com os Sabotadores. Os Sabotadores eram os gessos iniciais que nos protegiam, mas não removê-los na idade adulta limita nossa liberdade mental e emocional.

O CRÍTICO, O PRINCIPAL SABOTADOR

O Crítico é o Sabotador universal, o que todos temos; uma predisposição para exagerar o negativo e supor o pior é uma coisa boa para a sobrevivência. Se você estiver em uma floresta e vir as folhas de uma árvore próxima começarem a tremer, é melhor supor que está em perigo, embora essa suposição seja baseada em pouquíssimas informações. *Pode ser um tigre vindo me comer vivo e é melhor eu correr ou me esconder*, você provavelmente diria para si mesmo. É verdade que, em 99 a cada cem vezes, a propensão exageradamente negativa do Crítico teria se mostrado errada para um de nossos ancestrais distantes, mas na única vez em que estivesse certa, teria salvado a vida dele ou dela. Aqueles sem o Crítico com tendência ao negativo, os que esperavam para ter informações mais completas e menos tendenciosas antes de tomar uma atitude, não sobreviviam o bastante para passar os genes adiante.

O Crítico de cada pessoa desenvolve suas características particulares em resposta às necessidades específicas de sobrevivência daquele indivíduo. Temos uma necessidade psicológica poderosa de uma construção mental que faça nossa experiência de vida ter sentido, e o Crítico nos ajuda a encaixar as peças. A interpretação do Crítico é sempre cheia de defeitos e tendências negativas, mas no começo da vida isso pode ser útil para entender o mundo ao nosso redor e criar uma construção mental coerente a partir de nossa experiência.

No meu caso, quando criança eu sentia que não recebia cuidado e atenção suficientes. Minha mente poderia ter entendido isso em um ou dois dias. Eu poderia ter interpretado a situação com precisão e admitido que estava sendo criado por pais cheios de defeitos que não sabiam me dar a atenção da qual eu precisava e que merecia. Mas isso teria forçado uma percepção aterrorizante e teria tornado minha sobrevivência emocional mais difícil. Eu dependia dos meus pais para viver. Vê-los como pessoas cheias de defeitos teria sido tão apavorante quanto um mergulhador nas profundezas perceber que o mecanismo de fornecimento de ar dos tanques estava com defeito e prestes a parar de funcionar. Assim, o Crítico veio ao meu resgate. A solução do Crítico foi que eu tinha muitos defeitos e não

Fig. 2

	CRÍTICO
Descrição	Acha defeitos em si mesmo, nos outros e nas circunstâncias. Provoca a maior parte da nossa decepção, raiva, arrependimento, culpa, vergonha e ansiedade. Ativa Sabotadores cúmplices.
Características	Em si mesmo: se atormenta por erros passados e falhas atuais. Nos outros: se concentra no que está errado nos outros, em vez de apreciar as coisas boas. Faz comparações do que é superior e inferior. Circunstâncias: insiste que uma circunstância ou resultado é "ruim", em vez de ver como dádiva e oportunidade.
Pensamentos	O que há de errado comigo? O que há de errado com você? O que há de errado com minha circunstância ou com esse resultado?
Sentimentos	Toda culpa, arrependimento e decepção vêm do Crítico. Muito da raiva e da ansiedade é instigado pelo Crítico.
Mentiras para justificar	Se eu não pressionar, você vai ficar preguiçoso e acomodado. Se eu não punir você pelos seus erros, você não vai aprender com eles e vai repeti-los. Se eu não botar medo em você sobre maus resultados futuros, você não vai dar duro para impedir que aconteçam. Se eu não criticar os outros, você vai perder sua objetividade e não vai proteger seu interesse próprio. Se eu não fizer você se sentir mal em relação a resultados negativos, você não vai fazer nada para mudá-los.
Impacto em si mesmo e nos outros	O Crítico é o Sabotador mestre e a causa original de boa parte de nossa ansiedade, aflição e sofrimento. Também é a causa de muitos conflitos de relacionamento.
Força	0 1 2 3 4 5 6 7 8 9 10

merecia o tempo dos meus pais perfeitos. Por que eles deveriam demonstrar mais afeição a alguém tão não merecedor?

Além de formar meu senso de baixo valor, meu Crítico também teve que me ajudar a sobreviver me fazendo criticar os outros ao meu redor como repletos de defeitos — teria sido apavorante ser um ser defeituoso em um mundo em que todas as pessoas eram ótimas. Assim, esses dois mecanismos de sobrevivência do Crítico, criticar a mim mesmo e aos outros, foram estabelecidos com firmeza em uma idade tenra.

É claro que eu não estava ciente da maior parte disso. Os Sabotadores raramente são formados de maneira consciente. Só após minha poderosa experiência na aula do MBA de Stanford muitos anos depois, percebi que esse mecanismo invisível estava profundamente entranhado no modo como eu interpretava e reagia a tudo na vida.

A Figura 2 resume as características do Crítico. Na última linha da tabela, marque a força desse Sabotador em você. Se você der uma pontuação muito baixa, tenha em mente que pode ser porque o seu está se escondendo particularmente bem, como o meu tinha feito.

OS NOVE SABOTADORES CÚMPLICES

O Crítico usa pelo menos um Sabotador cúmplice para garantir a sobrevivência física e emocional quando você é pequeno. No meu caso, o cúmplice do meu Crítico era o Sabotador Hiper-Racional. Sou uma pessoa sensível e comecei a vida com sentimentos profundos. Mas a maior parte do que eu sentia profundamente era doloroso ou assustador. Assim, fazia perfeito sentido eu começar a afastar todos os sentimentos. Em vez disso, fugi para um mundo puramente racional e analítico com o qual eu podia brincar e ter um senso de controle sobre as ideias e a lógica. Até mais importante, esse foco racional começou a proporcionar minha maior fonte de atenção e reconhecimento, de professores elogiando o aluno dedicado. Sem saber, eu estava desenvolvendo meu Sabotador Hiper-Racional, que me permitiu ter um pouco de atenção e respeito. Mais uma vez, levei uns trinta anos para descobrir que eu tinha ativamente entorpecido meus próprios sentimentos e, no processo, me privei de qualquer habilidade para desenvolver relacionamentos profundos e aproveitar as verdadeiras alegrias emocionais da vida.

Apesar de o Crítico ser o principal Sabotador de todo mundo, o Sabotador cúmplice com o qual ele se alia é diferente de indivíduo para indivíduo. Por exemplo, em meio aos meus quatro irmãos, eu desenvolvi o Sabotador Hiper-Racional, um irmão desenvolveu a Vítima, um desenvolveu o Controlador, um desenvolveu o Esquivo e um desenvolveu o Insistente. Todos tivemos dificuldades similares durante a infância, mas nossas estratégias de sobrevivência acabaram sendo bastante diferentes.

Tanto a natureza quanto o ambiente têm seu papel na determinação de qual Sabotador cúmplice nós desenvolvemos. Qualquer pai com mais de um filho provavelmente ficou impressionado ao descobrir o quanto os filhos eram diferentes desde que saíram do útero. Como pai de um filho extremamente introvertido e uma filha ousada e extrovertida, posso atestar que as diferenças ficam óbvias nos primeiros meses de vida, embora minha esposa e eu tenhamos nos esforçado muito para criar os dois do mesmo jeito.

Nossas personalidades únicas acabam influenciando qual Sabotador cúmplice desenvolvemos. Duas dimensões de nossa personalidade em particular têm efeito: nossas motivações e nossos estilos pessoais de lidar com desafios. Agora vamos explorar essas duas dimensões para ver como afetam a determinação de qual Sabotador se desenvolve.

Motivação

Há três motivações primárias que servem de base para nossas necessidades de sobrevivência emocional. Cada pessoa tende para uma dessas três motivações:

3. Independência: uma necessidade de limites em relação aos outros e de manter independência deles.

4. Aceitação: uma necessidade de manter uma imagem positiva aos olhos dos outros, de ser aceito por eles e conquistar a afeição deles.

5. Segurança: uma necessidade de controlar as ansiedades da vida e afastá-las ou minimizá-las.

Todos nós somos guiados por cada uma dessas motivações até certo ponto. A questão é: qual delas é sua motivação principal? Como muito da formação do Sabotador é subconsciente, você não pode necessariamente contar com sua mente racional para responder essa pergunta. Não se preocupe em descobrir a resposta agora.

Estilo

Você manifesta um dos três estilos diferentes para satisfazer sua necessidade básica de independência, aceitação ou segurança:

1. Afirmar: esse é o mais ativo e controlador dos três estilos. Você toma atitudes que exigem a realização da sua necessidade principal de independência, aceitação ou segurança.
2. Conquistar: você se dedica para conquistar a realização da sua necessidade de independência, aceitação ou segurança. Isso se contrasta com a natureza mais "exigente" do estilo Afirmar.
3. Evitar: você se afasta ou afasta sua atenção das atividades, pensamentos, sentimentos, ou outras pessoas para realizar sua necessidade de independência, aceitação ou segurança.

Mais uma vez, não se preocupe a essa altura em descobrir qual desses três estilos é dominante em você.

IDENTIFICANDO SEU MAIOR SABOTADOR CÚMPLICE

A interseção entre sua motivação principal e seu estilo principal determina seu Sabotador cúmplice mais provável. No entanto, o ambiente e as circunstâncias externas também têm seu papel. Um trauma ou uma perturbação extrema, principalmente nos primeiros anos, pode mudar o processo de desenvolvimento do Sabotador, assim como os Sabotadores que nossos pais demonstram. Algumas crianças imitam os pais e desenvolvem Sabotadores similares, e algumas desenvolvem Sabotadores complementares aos dos pais. Por exemplo, o filho de um pai com Sabotador Controlador pode desenvolver o Prestativo para manter a paz.

A tabela a seguir mostra como os nove Sabotadores cúmplices se relacionam com motivação e estilo.

Fig. 3 Os nove Sabotadores cúmplices

ESTILO	MOTIVAÇÃO		
	Independência	Aceitação	Segurança
Afirmar	Controlador	Hiper-Realizador	Inquieto
Conquistar	Insistente	Prestativo	Hipervigilante
Evitar	Esquivo	Vítima	Hiper-Racional

Autoavaliação dos dez sabotadores

Nosso objetivo inicial ao explorar nossos Sabotadores não é desenvolver uma profunda compreensão psicológica das raízes deles. Nosso foco é mais na manifestação atual dos pensamentos e sentimentos deles em nós e em como eles nos sabotam hoje em dia. Confiamos no que podemos observar com consistência em nós mesmos. Isso vai resultar automaticamente em descobertas sobre as raízes mais profundas e até subconscientes de nossos Sabotadores no momento certo. (Para uma discussão sobre a ligação subconsciente, veja o Apêndice.)

Uma descrição dos pensamentos, sentimentos, características, mentiras para justificar e impacto em nós mesmos e nos outros típicos de cada um dos nove Sabotadores vem a seguir. As descrições não são exaustivas; a intenção é oferecer a ideia geral da cada Sabotador. Você vai descobrir que sua própria experiência se encaixa em algumas, mas não todas, características de qualquer Sabotador. Conforme estiver lendo, concentre-se em obter uma impressão geral das tendências e personalidade de cada Sabotador, em vez de se prender a detalhes específicos. Depois de ter uma ideia sobre cada um, determine qual é mais provavelmente o cúmplice principal do seu Crítico.

Você provavelmente vai exibir em momentos diferentes as características de vários desses nove Sabotadores. Não permita que isso o desanime ou confunda. Você só precisa se concentrar no seu Crítico e no Sabotador cúmplice principal. Esse foco vai ativar significativamente e fortalecer os músculos do seu Cérebro QP, exaurindo o fornecimento de oxigênio de *todos* os Sabotadores. Além disso, como seu Crítico é seu Sabotador principal e tende a despertar os outros, o enfraquecimento dele tem impacto em todos. Quando você reduzir o poder do Crítico e do Sabotador cúmplice principal na sua cabeça, os outros vão enfraquecer junto automaticamente.

Conforme você estiver lendo os perfis a seguir, pode ser útil ter em mente pessoas que você conhece e que parecem ter versões particularmente fortes de certos Sabotadores; isso vai ajudar você a se lembrar melhor dos Sabotadores. Você também pode ter alguns palpites preliminares sobre quais Sabotadores parecem estar em cena no seu chefe, nos colegas, no cônjuge ou nos filhos.

A melhor forma de fazer essa avaliação do Sabotador é rapidamente. Sua primeira impressão deve ser mais precisa do que aquela a que você vai chegar depois de muita análise. Veja se consegue gastar dez minutos, sendo um minuto por Sabotador, para rever e analisar a força de cada um em você. Depois que fizer uma avaliação preliminar dos nove, volte para seus princi-

44

pais e os compare para determinar qual é seu Sabotador cúmplice principal. Algumas pessoas relatam que seu Sabotador cúmplice principal é diferente em casa e no trabalho. Se for assim com você, não tem problema fazer essa distinção e identificar um Sabotador diferente para cada ambiente.

Uma alternativa é você avaliar seus Sabotadores on-line em http://www.objetiva.com.br/testeinteligenciapositiva.

Fig. 4

	INSISTENTE
Descrição	Perfeccionismo e necessidade de ordem e organização levadas longe demais.
Características	Pontual, metódico, perfeccionista. Pode ser irritável, tenso, teimoso, sarcástico. Altamente crítico de si mesmo e dos outros. Forte necessidade de autocontrole e autocontenção. Trabalha além do necessário para compensar a negligência e a preguiça dos outros. É altamente sensível a críticas.
Pensamentos	O certo é certo e o errado é errado. Eu sei o jeito certo. Se não consegue fazer com perfeição, não faça. Os outros costumam ter padrões vagos. Preciso ser mais organizado e metódico do que os outros para que as coisas sejam feitas. Odeio erros.
Sentimentos	Frustração constante e decepção consigo mesmo e com os outros por não alcançar os altos padrões. Angustiado por medo de os outros estragarem a ordem e o equilíbrio que ele criou. Tons sarcásticos ou hipócritas. Raiva e frustração contidas.
Mentiras para justificar	É uma obrigação pessoal. Depende de mim consertar as confusões que eu encontrar. O perfeccionismo é bom e me faz sentir bem comigo mesmo. Costuma haver um jeito certo óbvio e um jeito errado óbvio de fazer as coisas. Sei como as coisas devem ser feitas e preciso fazer a coisa certa.
Impacto em si mesmo e nos outros	Causa rigidez e reduz a flexibilidade ao lidar com a mudança e os estilos diferentes dos outros. É fonte de constante ansiedade e frustração. Causa ressentimento, ansiedade, dúvida de si mesmo e resignação nos outros, que se sentem continuamente criticados e se resignam ao fato de que, independente do quanto trabalhem, jamais vão agradar o Insistente.
Força	0 1 2 3 4 5 6 7 8 9 10

Fig. 5

	PRESTATIVO
Descrição	Tentativa indireta de conseguir aceitação e afeição por meio de ajuda, agrado, resgate ou elogio a outros. Perde as próprias necessidades de vista e se torna ressentido como resultado.
Características	Tem uma forte necessidade de ser amado e tenta conseguir isso ajudando, agradando, resgatando ou elogiando outras pessoas. Precisa se certificar com frequência da aceitação e afeição dos outros. Não consegue expressar as próprias necessidades aberta e diretamente. Faz isso de maneira indireta, deixando as pessoas se sentirem obrigadas a retribuir.
Pensamentos	Para ser uma boa pessoa, devo colocar as necessidades dos outros à frente das minhas. Fico incomodado quando as pessoas não reparam ou não ligam para o que fiz por elas. São muito egoístas e ingratas. Dou muito e não penso o bastante em mim. Posso fazer qualquer pessoa gostar de mim. Se eu não salvar as pessoas, quem vai salvar?
Sentimentos	Expressar as próprias necessidades diretamente parece egoísmo. Tem medo de que insistir nas próprias necessidades vá afastar os outros. Se ressente de não ser valorizado, mas tem dificuldade em expressar isso.
Mentiras para justificar	Não faço isso por mim. Ajudo os outros altruisticamente e não espero nada em troca. O mundo seria um lugar melhor se todo mundo fizesse o mesmo.
Impacto em si mesmo e nos outros	Pode colocar em risco as próprias necessidades, sejam emocionais, físicas ou financeiras. Pode levar a ressentimento e desgaste. Outros podem desenvolver dependência, em vez de aprenderem a cuidar de si mesmos e podem se sentir obrigados, culpados ou manipulados.
Força	0 1 2 3 4 5 6 7 8 9 10

INTELIGÊNCIA POSITIVA

Fig. 6

	HIPER-REALIZADOR
Descrição	Dependente de desempenho e realizações constantes para respeito próprio e autovalidação. Altamente concentrado em sucesso externo, o que leva a tendências workaholic insustentáveis e perda de contato com necessidades emocionais e de relacionamento mais profundas.
Características	Competitivo, atento a imagem e status. Bom em disfarçar inseguranças e mostrar uma imagem positiva. Adapta a personalidade para se encaixar ao que seria mais impressionante para os outros. Orientado para os objetivos e com traços de vício em trabalho. Mais dedicado a aperfeiçoar a imagem pública do que à introspecção. Pode se autopromover. Mantém as pessoas a uma distância segura.
Pensamentos	Preciso ser o melhor no que faço. Se não posso ser excelente, nem vou me dar ao trabalho. Devo ser eficiente e eficaz. As emoções atrapalham o desempenho. O foco tem que ser no pensamento e na ação. Posso ser qualquer coisa que queira. Sou valioso enquanto for bem-sucedido e os outros pensarem bem de mim.
Sentimentos	Não gosta de insistir em sentimentos por muito tempo: eles o distraem na realização de objetivos. Às vezes se sente vazio e deprimido, mas não passa muito tempo pensando nisso. Precisa se sentir bem-sucedido. É isso que importa. Se sente valioso por meio de suas realizações. Pode ter medo de intimidade e vulnerabilidade. A intimidade com outros pode permitir que eles vejam imperfeições.
Mentiras para justificar	O objetivo da vida é alcançar realizações e produzir resultados. Mostrar uma boa imagem me ajuda a alcançar resultados. Sentimentos são apenas uma distração e não ajudam em nada.
Impacto em si mesmo e nos outros	A paz e a felicidade são fugazes e efêmeras em breves celebrações de conquistas. A autoaceitação é continuamente dependente do próximo sucesso. Perde contato com sentimentos mais profundos, o eu mais profundo e a capacidade de se conectar intimamente com outros. Os outros podem ser atraídos para o turbilhão de desempenho do Hiper--Realizador e se tornarem similarmente desequilibrados em seu foco na realização externa.
Força	0 1 2 3 4 5 6 7 8 9 10

Autoavaliação dos dez sabotadores

Fig. 7

	VÍTIMA
Descrição	Estilo emocional e temperamental para conquistar atenção e afeição. Foco extremo em sentimentos internos, principalmente os dolorosos. Tendência para mártir.
Características	Se criticado ou malcompreendido, tende a se recolher, fazer beicinho e emburrar. Bastante dramático e temperamental. Quando as coisas ficam difíceis, quer desmoronar e desistir. Sufoca a raiva, o que resulta em depressão, apatia e fadiga constantes. Inconscientemente ligado a ter dificuldades. Recebe atenção tendo problemas emocionais ou sendo temperamental e mal-humorado.
Pensamentos	Ninguém me entende. Pobre de mim. Coisas terríveis sempre me acontecem. Eu talvez tenha desvantagens ou defeitos únicos. Sou o que sinto. Queria que alguém me salvasse dessa terrível confusão.
Sentimentos	Tende a remoer sentimentos negativos por muito tempo. Se sente sozinho e solitário, mesmo quando perto da família e de amigos íntimos. Tem sentimentos de melancolia e abandono. Enfatiza a inveja e comparações negativas.
Mentiras para justificar	Ao agir assim, eu pelo menos tenho um pouco do amor e atenção que mereço. A tristeza é uma coisa nobre e sofisticada que mostra profundidade excepcional, além de discernimento e sensibilidade.
Impacto em si mesmo e nos outros	A vitalidade é desperdiçada no foco em processos internos e ressentimentos. Alcança o efeito oposto ao afastar as pessoas. Os outros se sentem frustrados, impotentes ou culpados por não poderem colocar mais do que um band-aid temporário no ferimento da Vítima.
Força	0 1 2 3 4 5 6 7 8 9 10

Fig. 8

	HIPER-RACIONAL
Descrição	Foco intenso e exclusivo no processamento racional de tudo, incluindo relacionamentos. Pode ser percebido como frio, distante e intelectualmente arrogante.
Características	Possui uma mente intensa e ativa; às vezes passa por intelectualmente arrogante ou dissimulado. É reservado e não deixa muitas pessoas conhecerem seus sentimentos mais profundos. Em geral, mostra os sentimentos por meio de paixão pelas ideias. Prefere apenas observar a loucura que o cerca e analisar de longe. Pode perder a noção do tempo graças à intensa concentração. Tendência forte para ceticismo e debate.
Pensamentos	A mente racional é onde ele está. Os sentimentos atrapalham e são irrelevantes. Muitas pessoas são tão irracionais e medíocres no que pensam. As necessidades e emoções dos outros atrapalham meus projetos. Preciso eliminar invasões. O que mais valorizo é sabedoria, entendimento e discernimento. Meu valor próprio está ligado a dominar sabedoria e competência.
Sentimentos	Frustrado pelos outros serem emocionais e irracionais. Ansioso para preservar tempo pessoal, energia e recursos contra invasões. Se sente diferente, sozinho e incompreendido. Costuma ser cético e cínico.
Mentiras para justificar	A mente racional é a coisa mais importante. Ela deve ser protegida da invasão desagradável das emoções e necessidades confusas das pessoas para que consiga concluir o trabalho.
Impacto em si mesmo e nos outros	Limita a profundidade e a flexibilidade dos relacionamentos no trabalho e na vida por meio de análise, em vez de vivenciar sentimentos. Intimida as pessoas com mente menos analítica.
Força	0 1 2 3 4 5 6 7 8 9 10

Autoavaliação dos dez sabotadores

fig. 9

	HIPERVIGILANTE
Descrição	Ansiedade contínua e intensa quanto a todos os perigos da vida e grande foco no que pode dar errado. Vigilância que nunca pode descansar.
Características	Sempre ansioso, com dúvidas crônicas sobre si mesmo e os outros. Sensibilidade extraordinária a sinais de perigo. Expectativa constante de contratempos e perigo. Desconfia do que os outros estão fazendo. A expectativa é de que as pessoas vão estragar tudo. Pode procurar tranquilização e orientação em procedimentos, regras, autoridades e instituições.
Pensamentos	Quando a próxima coisa ruim vai acontecer? Se eu cometo um erro, tenho medo de todo mundo pular no meu pescoço. Quero confiar nas pessoas, mas fico desconfiado dos motivos delas. Preciso saber quais são as regras, embora nem sempre as siga.
Sentimentos	Cético, até mesmo cínico. Costuma ser ansioso e altamente vigilante.
Mentiras para justificar	A vida é cheia de perigos. Se eu não ficar alerta, quem vai ficar?
Impacto em si mesmo e nos outros	É uma maneira difícil de viver. A ansiedade constante queima uma grande quantidade de energia vital que poderia ser usada de maneiras excelentes. Perde credibilidade por ver perigo até onde não tem. Os outros começam a evitar o Hipervigilante porque a intensidade da energia nervosa os esgota.
Força	0 1 2 3 4 5 6 7 8 9 10

Fig. 10

	INQUIETO
Descrição	Inquieto; em constante busca de maior excitação na próxima atividade ou se ocupando constantemente. Raramente fica em paz ou satisfeito com a atividade do momento.
Características	Distrai-se facilmente e pode ficar muito disperso. Permanece sempre ocupado, executando muitas tarefas e planos diferentes. Procura excitação e variedade, não conforto e segurança. Salta (foge) de sentimentos desagradáveis muito rapidamente. Procura novos estímulos constantes.
Pensamentos	Isso não é satisfatório. A próxima coisa que vou fazer tem que ser mais interessante. Esses sentimentos negativos são horríveis. Preciso mudar minha atenção para alguma coisa envolvente. Por que ninguém consegue me acompanhar?
Sentimentos	Impaciente com o que está acontecendo no presente. Quer saber o que vem depois. Tem medo de perder experiências que valham mais a pena. Se sente inquieto e quer mais e mais opções. Tem medo de o foco em um sentimento desagradável crescer e se tornar esmagador.
Mentiras para justificar	A vida é curta demais. Precisa ser vivida intensamente. Não quero perder nada.
Impacto em si mesmo e nos outros	Por baixo da superfície de diversão e animação do Inquieto há uma fuga baseada na ansiedade de estar presente e vivenciando cada momento intensamente, o que pode incluir lidar com coisas desagradáveis. O Inquieto evita um foco real e duradouro nos assuntos e relacionamentos que realmente importam. Os outros têm dificuldade em acompanhar o frenesi e o caos criados pelo Inquieto e são incapazes de construir qualquer coisa sustentável nesse ambiente.
Força	0 1 2 3 4 5 6 7 8 9 10

Autoavaliação dos dez sabotadores

Fig. 11

	CONTROLADOR
Descrição	Necessidade baseada em ansiedade de assumir a responsabilidade e controlar situações, forçando as ações das pessoas à sua própria vontade. Resulta em alta ansiedade e impaciência quando não é possível.
Características	Forte necessidade de controlar e assumir responsabilidade. Conecta-se com outros por meio de competição, desafio, atos físicos ou conflitos, em vez de por emoções mais delicadas. Determinado, confrontador e direto. Leva as pessoas além de suas zonas de conforto. Ganha vida quando faz o impossível e contraria a probabilidade. Estimulado por conflitos e conectado por meio deles. Surpreso por os outros se magoarem. Intimida os outros. A comunicação direta é interpretada pelos outros como raiva ou crítica.
Pensamentos	Estou no controle ou fora de controle. Se eu trabalhar com afinco o bastante, posso e devo controlar a situação para que transcorra como quero. Os outros querem e precisam que eu assuma o controle. Estou fazendo um favor para eles. Ninguém me diz o que fazer.
Sentimentos	Sente alta ansiedade quando as coisas não transcorrem como ele quer. Fica com raiva e intimidado quando os outros não o seguem. Impaciente com os sentimentos e estilos diferentes dos outros. Sente-se magoado e rejeitado, embora raramente admita.
Mentiras para justificar	Sem mim, você não consegue fazer muita coisa. Você precisa forçar as pessoas. Se eu não controlar, serei controlado, e não consigo suportar isso. Estou tentando terminar o serviço por todos nós.
Impacto em si mesmo e nos outros	O Controlador consegue resultados temporários, mas com o custo de os outros se sentirem controlados, ressentidos e incapazes de alcançar suas maiores capacidades. O Controlador também gera uma grande quantidade de ansiedade, pois muitas coisas no trabalho e na vida não são controláveis.
Força	0 1 2 3 4 5 6 7 8 9 10

Fig. 12

	ESQUIVO
Descrição	Foco no positivo e no agradável de uma forma extrema. Fuga de tarefas e conflitos difíceis e desagradáveis.
Características	Evita conflitos e diz sim para coisas que não deseja realmente. Minimiza a importância de alguns problemas reais e tenta rechaçar outros. Tem dificuldade em dizer não. Resiste aos outros por meios passivo-agressivos, em vez de diretamente. Perde-se em rotinas e hábitos reconfortantes; procrastina as tarefas desagradáveis.
Pensamentos	Isso é desagradável demais. Talvez, se eu deixar de lado, o problema se resolva sozinho. Se eu cuidar disso agora, vou magoar alguém. Prefiro não fazer isso. Se eu entrar em conflito com outros, posso perder minha ligação com eles. Encontrei um equilíbrio. Não quero mexer nele. Prefiro fazer as coisas do jeito que alguém quer a criar uma confusão.
Sentimentos	Tenta permanecer equilibrado. Sente ansiedade pelo que foi evitado ou procrastinado. Tem medo de que a paz conquistada com dificuldade seja interrompida. Reprime raiva e ressentimento.
Mentiras para justificar	Você é uma boa pessoa por poupar o sentimento dos outros. Nada de bom pode resultar de um conflito. É bom ser flexível. Alguém precisa ser o pacificador.
Impacto em si mesmo e nos outros	Negar os conflitos e as negatividades que existem impede que o Esquivo trabalhe com eles e os transforme em dádivas. Sentir-se entorpecido para a dor é diferente de saber como colher sabedoria e poder da dor. O que é evitado não desaparece e acaba infeccionando. Os relacionamentos são mantidos em um nível superficial por meio da fuga de conflitos. O nível de confiança dos outros é reduzido porque eles não sabem ao certo quando a informação negativa está sendo omitida.
Força	0 1 2 3 4 5 6 7 8 9 10

EXPONDO A MENTIRA

O comentário cético mais comum que escuto de executivos de sucesso é: "Conquistei boa parte do meu sucesso ouvindo meu Crítico ou sendo Controlador, Insistente etc. É o necessário para gerar resultados. Por que eu abriria mão disso?"

Um Sabotador faz seu maior dano se o convence de que é seu amigo e você o aceita em seu círculo de confiança. Cada Sabotador tem justificativas bastante razoáveis para suas ações — ele diz o quanto é seu amigo e por que é bom para você —, mas essas justificativas não são nada além de mentiras bem mascaradas. Por exemplo, o Crítico, o Controlador, o Hiper--Realizador e o Insistente convenceriam você de que, sem eles, você se transformaria em um preguiçoso sem ambições ou complacente. Não é mentira que eles realmente empurraram você e outras pessoas em direção ao sucesso e à realização. A mentira é que seu maior sucesso viria por meio deles. Vamos expor essa mentira.

Digamos que você acabou de cometer um erro grave em alguma coisa importante. Seu Crítico cai em cima de você e faz você se sentir culpado, com raiva ou remorso. As mensagens perturbadoras dele ficam rondando e não deixam você dormir à noite, preocupado com o que aconteceu e com as consequências. Ele assusta você e faz trabalhar exaustivamente para se certificar de que o erro não aconteça de novo. Na próxima vez, você vai ficar realmente ansioso para não fazer besteira. Pode se sair melhor, mas terá pagado um alto preço emocional no caminho. Além do mais, seu sofrimento intenso torna mais provável que você cometa outros erros enquanto se concentra com ansiedade em não repetir o primeiro.

O Sábio oferece uma abordagem bem diferente. Primeiro, ele se solidariza com você e o assegura de que, embora tenha cometido um erro, você ainda é uma pessoa maravilhosa. Ele diz que você tem que ter compaixão por si mesmo — todos somos seres humanos passíveis de falhas. Diz para você que tudo, mesmo seus erros, podem ser transformados em dádivas e oportunidades pelo modo como você reage a eles. Agora, como está se sentindo melhor e não arrasado, você fica menos na defensiva e tem mais chance de dar uma boa olhada em seu erro e de explorar o que realmente aconteceu e onde errou. O Sábio pode então levar você a chegar a soluções criativas para se sair melhor na próxima vez e impedir erros maiores. Com a perspectiva do Sábio, você tem mais probabilidade de ser criativo porque as regiões do seu Cérebro QP são ativadas. Essas regiões são bem mais criativas do que o Cérebro Sobrevivente, onde o Crítico mora. No final desse processo de empatia consigo mesmo, de explorar o que aconteceu e de chegar a soluções criativas, você vai ter mais energia para ações decisivas e se sair melhor na próxima vez. Você não vai ter desperdiçado um grama de vitalidade e energia se culpando e sofrendo por meio de drama negativo.

Tanto seus Sabotadores quanto seu Sábio podem levar você ao sucesso, mas eles fazem isso por caminhos bastante diferentes. Os Sabotadores empurram você à ação e ao sucesso por meio de raiva, arrependimento, medo, culpa, ansiedade, vergonha, obrigação etc. Mas o Sábio puxa você para agir por meio de compaixão, curiosidade, criatividade, alegria de se expressar, desejo de contribuir e criar significado e empolgação da ação. Você prefere ser empurrado ou puxado? Só o Sábio permite que você chegue ao sucesso sem sacrificar a felicidade e a paz de espírito.

Nunca é demais enfatizar a importância desse ponto: você não pode confrontar um inimigo que não tem certeza de que é seu inimigo. Se uma voz em sua cabeça ainda diz que você precisa do seu Crítico, do seu Controlador, do seu Insistente, do seu Hiper-Realizador ou de qualquer outro Sabotador para ser bem-sucedido ou ser feliz na vida, você ainda está acreditando nas mentiras deles. O Sábio tem muito mais discernimento, percepção, agilidade, vigilância, criatividade, decisão e é mais voltado para a ação do que qualquer Sabotador. Conforme você continuar a ler este livro, faça o seguinte teste: pegue qualquer desafio do trabalho ou da vida e veja se pode ser alcançado mais efetivamente com os grandes poderes do seu Sábio. Não caia nas mentiras sedutoras dos Sabotadores; eles não são seus amigos e você não precisa deles. O Sábio sempre oferece um caminho melhor.

ENFRAQUECENDO SEUS SABOTADORES

O ponto principal de enfraquecer seus Sabotadores é que você não deve lutar contra eles, pelo menos não do jeito típico em que pensamos sobre lutar. Se você ficasse aborrecido e com raiva quando visse sua Vítima, seu Prestativo ou seu Inquieto, adivinhe o que estaria fazendo? Estaria "criticando" seu Sabotador, e, ao fazer isso, estaria ativando e fortalecendo o líder de todos, o Crítico.

A estratégia mais eficiente para enfraquecer seus Sabotadores é simplesmente observando e rotulando os pensamentos ou sentimentos Sabotadores cada vez que reparar neles. O autor Eckhart Tolle usa uma metáfora apropriada para descrever esse fenômeno. Ele diz que a "mente do ego", que é o termo coletivo para todos os Sabotadores, é como um boneco de neve gigante que derrete sob a luz da percepção consciente.[18] O pesado do trabalho de enfraquecer seus Sabotadores envolve expô-los à luz quente da percepção pela simples observação e rotulação deles quando aparecem.

Para observar melhor e rotular seus Sabotadores, pode ser útil criar descrições mais personalizadas para eles. Por exemplo, o nome que dou para meu Crítico é "Executor" e o que dou para meu Hiper-Racional é "Robô". Outros chamam o Crítico de "Darth Vader", o Insistente de "Zé Ruela", o Controlador de "Sargento de Treinamento", o Hiper-Realizador de "Workaholic" e a Vítima de "Mártir".

Vamos dizer que você determine que seu Sabotador cúmplice principal é o Controlador e dê a ele o nome de "Sargento de Treinamento". Se você estiver no meio de uma reunião e receber a visita do velho amigo Controlador, você observa e rotula os pensamentos do Sabotador ao dizer: "O Sargento de Treinamento está insistindo que só vai dar certo do jeito dele." Você faz isso no fundo da mente. Quase não gasta tempo nem esforço. É rápido, como carimbar um passaporte.

Você pode se perguntar como esse simples ato de observar e rotular pode ter um impacto grande. Mas tem, e o motivo é o seguinte: por sua própria natureza, os Sabotadores causam danos bem maiores quando trabalham escondidos sob o radar, fingindo serem seus amigos ou serem você. Ao observá-los e rotulá-los, você os desmascara e desacredita a voz deles. Repare a diferença entre dizer "acho que não sou capaz" e "o Crítico acha que não sou capaz". O boneco de neve vai derreter sob a luz da sua percepção.

No Capítulo 7, você vai aprender a técnica adicional de usar cada aparição dos seus Sabotadores como lembrete para ativar o Cérebro QP por dez segundos. Isso vai acelerar a morte dos seus Sabotadores ao silenciar a parte do cérebro que os origina.

> *Para refletir*
>
> Cada Sabotador teve um propósito inicial: de proteger você fisicamente ou ajudar a sobreviver emocionalmente. Como seu Crítico e seu Sabotador cúmplice principal ajudaram na sua juventude?

CAPÍTULO 4

CRÍTICO, O SABOTADOR PRINCIPAL

Em todos os meus anos de coaching, nunca trabalhei com ninguém que não fosse substancialmente sabotado por um Crítico persistente, embora muitos não percebessem o fato inicialmente. Seu Sabotador Crítico é seu inimigo particular número um. Ele causa impacto em seu bem-estar, sucesso e felicidade bem mais do que qualquer inimigo público conseguiria.

O Crítico consegue sua incrível sabotagem destrutiva nos fazendo sentir negativos e infelizes, por meio de constante indicação de defeitos: 1. em nós mesmos; 2. nos outros; e 3. nas nossas circunstâncias. Ele faz isso sob a desculpa de ser racional e sensato e tentar ajudar. O Crítico sabe se esconder bem e pode ter se tornado tão invisível que não temos ciência de sua existência. Foi por isso que descobrir meu brutal Crítico naquele dia no grupo de MBA foi uma revelação tão poderosa; ele era óbvio para os outros, mas completamente despercebido por mim.

Este capítulo é sobre permitir que você se torne ciente do enorme dano causado por seu Crítico e das técnicas traiçoeiras e constantemente bem disfarçadas que ele usa para sabotar. Você vai aprender a perceber melhor como seu Crítico é; podemos dizer que vai descobrir a fotografia dele. Saber quando seu Crítico está surgindo vai permitir que você o identifique e rotule em seu ato de sabotagem. Fazer isso é a chave para reduzir o poder dele e aumentar seu QP.

1. CRITICANDO A SI MESMO

A primeira forma que o Crítico usa para nos sabotar é nos criticando. Assim como com os Críticos da maioria das pessoas, o meu começou a dominar minha mente no começo da infância. Quando cheguei à idade adulta, ele estava tão incorporado ao meu pensamento que nunca questionei a voz dele como não sendo minha. Eu levava a sério o que ele dizia sobre mim. E o que ele dizia sobre mim não era bonito. Apesar de anos sendo um dos melhores alunos de todas as minhas turmas, de ter vários diplomas de universidades de prestígio e de ter tido empregos importantes em empresas de alto nível mundial, eu ainda vivia com uma voz na cabeça que sempre me via não atingindo um ideal imaginário. Essa crítica ia do sublime ao ridículo, de culpar e me envergonhar por não ter mudado o mundo a me perguntar se eu conseguiria sair com uma garota com a calvície se aproximando. Para cada lado que eu me virava, essa voz estava lá para me dizer que eu não era bem o que precisava ser.

Apesar do poderoso acontecimento na aula de MBA ter me despertado para minhas críticas aos outros, meu Crítico ainda estava bem escondido no dano que eu estava causando a mim mesmo. Minha primeira visão real do quanto o Crítico é universal e destruidor para a própria pessoa aconteceu no meu primeiro ano de administração. Depois de ter sido o primeiro da turma durante quase a vida toda, eu estava de repente cercado de 320 pessoas que tinham conquistas similares. A euforia de ter sido aceito em uma faculdade de administração de renome logo deu lugar à crença de que eu era o único engano do comitê de admissão. Para todos os lados que eu olhava, eu ficava mais impressionado com as conquistas e capacidades dos outros do que com as minhas. Eu estava bastante ciente dos meus muitos defeitos. Isso, é claro, me levou a dedicar mais energia a construir uma fachada de solidez e confiança.

Ao longo dos meses, eu lentamente comecei a detectar sinais de inseguranças similares em muitos dos meus colegas. No começo do meu segundo ano, essas observações me permitiram relaxar um pouco em minhas críticas de mim mesmo. Comecei a me perguntar sobre o grande preço que paguei com dor e sofrimento desnecessários no meu primeiro ano. Quando olhei para o pânico e a insegurança tão comuns nos rostos da turma de primeiro ano, ficou claro para mim que esse fenômeno estava se repetindo. Decidi aproveitar a oportunidade e compartilhar minhas sensações de autocrítica e insegurança, na esperança de dar um pouco de perspectiva sobre o quanto esse fenômeno é comum. Escrevi uma carta de cinco páginas e espaçamento simples sobre como alcançar uma perspectiva melhor, fiz 320 cópias e coloquei nos escaninhos de cada aluno do primeiro ano em um fim de semana de outubro.

Passei uma noite de domingo agitada me perguntando qual seria a reação na manhã seguinte. Como eu tinha colocado meu nome na carta, se minha premissa estivesse errada, eu teria me revelado a pessoa mais insegura de toda a faculdade de administração e perderia boa parte da credibilidade nessa pequena comunidade que era tão importante para o meu futuro. Na verdade, a reação foi bem além até das minhas esperanças mais otimistas. A carta atingiu tantas pessoas que meu escaninho foi inundado de cartas de agradecimento de pessoas aliviadas pelo sofrimento e autocrítica serem injustificados e não privilégio delas.

Além disso, um ano depois a nova turma de segundo ano repetiu o que eu tinha feito e colocou cópias da minha carta nos escaninhos de todos os novos alunos de primeiro ano. Quando fui à reunião de vinte anos de formatura, um professor me disse que, nos últimos vinte anos, minha carta se tornou uma tradição, dada pelos alunos do segundo ano para os calouros do primeiro ano envolvidos pelas garras da dúvida e da autocrítica. Essa foi a primeira vez em que realmente vi que os poderes destrutivos do Crítico sobre nós são um fenômeno relativamente universal e que a maior parte das pessoas passa por isso sozinha.

Essa compreensão se aprofundou ao longo dos anos organizando retiros e treinando pessoas. Uma vez, organizei um retiro de dois dias de desenvolvimento de liderança para cerca de cem CEOs e presidentes. Em determinado ponto, dei para todos um cartão de 7 por 12 centímetros e pedi que escrevessem anonimamente uma coisa importante sobre eles mesmos que nunca tinham contado a ninguém por medo de perderem credibilidade, aceitação ou respeito. Depois de misturar os cartões, comecei a lê-los em voz alta. Estavam repletos de confissões de sentimentos de inadequação, não merecimento e culpa por desapontar os outros como líder, pai ou cônjuge; medo de ter sorte, em vez de ser competente; medo de ser cheio de defeitos; e medo de tudo despencar um dia. Depois de ler todos os cartões, fez-se um silêncio perplexo. Muitos disseram que sentiram um enorme peso sair de seus ombros, porque pela primeira vez na vida perceberam que seu tormento interno era comum a outras pessoas.

A maior parte das pessoas bem-sucedidas e com grandes conquistas é torturada internamente por seus próprios Críticos. Isso não costuma ser óbvio para os que as cercam. Por fora, todos mostramos nossas fachadas felizes e completamente confiantes.

Essa descoberta teve um efeito profundo em mim. Pela primeira vez na vida, me senti completamente "normal"; percebi que o Crítico e as inseguranças que ele gera são universais, um sofrimento comum a todo mundo. Quando interajo com as pessoas agora, não me pergunto mais *se* elas têm um Crítico desagradável, mas sim *como* ele está se escondendo e prejudicando aquele indivíduo.

Nossas maneiras de lidar com nossas inseguranças induzidas pelo Crítico são diferentes, como descobri em meus trabalhos de coaching. Isso acontece porque os Críticos de pessoas diferentes acionam diferentes Sabotadores cúmplices. Larry, o presidente de uma fábrica no Meio-Oeste, se enterrou em trabalho para que pudesse escapar de ouvir e ser atormentado por essas vozes. Ele fugiu, apavorado pela ideia de não estar ocupado. Mary, a chefe de uma organização de serviços de marketing, virou as inseguranças do avesso e mostrava arrogância, uma aura de superioridade e uma invulnerabilidade fingida, que nada mais são do que um meio de esconder a insegurança. Peter, o chefe de uma companhia de telecomunicações altamente bem-sucedida, tinha o hábito de se alongar nas autocríticas e se torturar intimamente enquanto mostrava um aspecto confiante em público. Essa vida dupla resultava em muito estresse que incluía insônia e colapsos físicos cada vez mais frequentes. Catherine, a vice-presidente de operações de uma empresa global de software, tentou enterrar suas dúvidas acerca de si mesma em um compartimento trancado, com medo de um dia ser exposta a si mesma e aos outros como o ser cheio de defeitos que era; ela recebia qualquer traço de crítica com uma reação violenta. Nossos métodos de lidar com o Crítico são diferentes e podem não ser tão bem-definidos quanto esses exemplos. Mas o Crítico ainda está lá, causando seu dano arrasador.

Por que amo você?

A mentira mais perigosa do Crítico é que não somos dignos de amor e respeito apenas sendo quem somos. Ele nos força a constantemente atuarmos para alcançar esses sentimentos; isso forma a ideia de "amor condicional". A maior parte de nós cresce vivenciando amor que depende de sermos bons ou termos desempenho, e adquirimos o hábito de impor as mesmas condições ao amor-próprio. Mas o amor condicional não é um amor real. É mais como receber uma cenoura por bom comportamento.

Considerando a onipresença do jogo do amor condicional do Crítico, iniciei uma espécie muito diferente de jogo com meu filho para impedir que uma versão mais forte do Crítico dele assumisse o controle. Começo a fazer cócegas nele e digo que só vou parar se ele continuar dando as respostas certas, que ele aprendeu a dar ao longo dos anos. O jogo é assim, enquanto faço cócegas nele e paro apenas para ouvir as respostas em meio às risadas:

Eu: Kian, você sabe por que te amo tanto?

Kian: Não, papai, não sei.

Eu: É porque você é bonito? (Acredite, ele é *muito* bonito!)

Kian: Não, papai, não é porque sou bonito.

Eu: É porque você é inteligente?

Kian: Não, papai, não é porque sou inteligente.

Eu: É porque você faz seus deveres tão bem e tira boas notas?

Kian: Não, papai, não é…

Continuo seguindo a lista que inclui a gentileza e a generosidade dele, o talento nos esportes, a sensibilidade e a consideração, e assim vai. Em determinado momento, finjo grande frustração.

Eu: Então por que, Kian? Por que te amo tanto?

Agora, Kian já aprendeu a dizer (e ele diz com firmeza e segurança): Papai, é porque eu sou *eu*.

De vez em quando, peço a Kian para me lembrar o que essa resposta significa. Ele diz que significa que meu amor por ele não depende de nada que ele faça. É pela essência dele, pelo ser que olhou para mim quando o peguei no colo no dia em que nasceu. Ele sabe que, em sua essência, é digno de amor, sempre. Ele nunca precisa ter medo de perder isso, independentemente dos sucessos e fracassos e dos altos e baixos da vida.

Profecias autorrealizáveis

O Crítico, obviamente, tem um aneurisma ao ouvir isso. Ele vai dar avisos horríveis como: "Essa é a receita para seu filho ficar preguiçoso ou irresponsável; se as ações não tiverem consequências no que você sente por ele, por que ele deveria tentar obter alguma realização?" Isso parece familiar? Seu amor por você mesmo é incondicional? No final de um dia ruim, no qual você cometeu erros terríveis com consequências negativas, quanto amor-próprio você sente?

Seu Crítico avisa que você viraria um ser preguiçoso, sem ambição, irresponsável, complacente ou egoísta sem ele constantemente chutando seu traseiro? Esse é um argumento-chave que ele usa para permanecer no poder. Essa visão é fundamentalmente cínica e afirma que você e os seres humanos em geral só fazem a coisa certa sob pressão ou por medo de culpa, vergonha e consequências negativas. Essa visão cínica ignora os enormes e inexplorados poderes do Sábio dentro de você e a natureza fundamental da sua essência.

Esse é outro caso da diferença de empurrar e puxar entre Sábio e Sabotadores. Enquanto o Crítico pode empurrar você para agir por meio de ameaças, medo, vergonha ou culpa, o Sábio puxa você para agir por meio de expectativa da alegria da exploração e da descoberta; por meio da compulsão humana irresistível e profundamente arraigada de encontrar significado na vida e de ter importância; por meio da alegria da criatividade e da possibilidade; pelo desejo do coração humano de se conectar, cuidar e ser cuidado; por meio da apreciação do mistério da vida; e por meio de um desejo de ação lúcida em busca dos resultados desejados.

Tanto a visão do Crítico quanto do Sábio são profecias autorrealizáveis. Cada um de nós é um saco misturado, tanto divino quanto desprezível. Estar no modo Sábio ou Sabotador determina qual versão de você se manifesta. Que versão você escolheria para si? Para as pessoas da sua empresa e sua equipe? Para seu cônjuge e seus filhos? A não ser que você desenvolva domínio sobre seu Crítico, o líder dos seus Sabotadores, é ele quem escolhe por você.

2. CRITICANDO OS OUTROS

A segunda forma pela qual o Crítico nos sabota é criticando os outros. Ele tem papel central em conflitos de equipe, profissionais e pessoais.

Esse fenômeno é mais fácil de ilustrar usando um exemplo de relacionamento pessoal, que depois pode ser aplicado ao ambiente de trabalho. Vou usar o caso de John, um executivo que acompanhei, e sua esposa, Melody. Nos estágios iniciais do relacionamento, na fase do romance, eles dançaram nas energias eufóricas dos Sábios e os Sabotadores foram forçados a ficar de lado. Muitas das qualidades do Sábio ficaram evidentes. Eles tinham uma grande curiosidade um sobre o outro, eram abertos a experimentos com novos meios de ser, se preocupavam com o sentimento e a experiência do outro e confiavam no mistério e na sabedoria das circunstâncias que os tinham unido. Foi uma situação gloriosa de o Sábio de John ver o Sábio de Melody e vice-versa. Como é comum, a energia do Sábio de um reforçou e encorajou a energia do Sábio do outro. Em um virtuoso círculo de reforços, cada um despertava o melhor no outro ao exibir o melhor de si. Tudo era ótimo. Como não se apaixonar?

Mas, como sabemos, os Sabotadores não gostam de ficar de lado por tempo demais. Em determinado ponto, John começou a criticar e se irritar com o comportamento baseado no medo (o Controlador) de Melody. Ele reagiu primeiro com irritação leve, que foi ficando gradualmente mais intensa. Isso ajudou a deflagrar o outro grande Sabotador dele (a Vítima), na forma de acessos de pena de si mesmo por ter que conviver com isso. Em reação à Vítima de John, o Crítico de Melody despertou com força total, questionando se ela seria capaz de respeitar o novo John. Isso levou à estratégia favorita dela para evitar sentimentos difíceis: exagerar na comida e em ocupações sem pausa (o Sabotador Inquieto).

A essas alturas, os Críticos dos dois lados estavam firmemente estabelecidos como líderes, reagindo aos Sabotadores do outro e negando sua própria culpa no despertar desses Sabotadores. O círculo negativo exaustivo e que reforça a si mesmo dos Sabotadores tinha começado. Cada lado estava despertando o pior no outro. Os dois começaram a se perguntar o que o tinha atraído no outro. Era impossível amar os Sabotadores, e cada um se perguntava se o outro tinha mudado.

O fato é que a outra pessoa não tinha necessariamente mudado. John sempre foi uma mistura (de Sabotadores e Sábio), e sempre vai ser uma mistura, mesmo quando aprender com o tempo a controlar melhor os Sabotadores. Com Melody, era igual. O mesmo é verdade comigo, com você e com cada ser humano vivo. O Crítico causa problema quando faz você se concentrar estritamente nos Sabotadores do outro. Esse foco se torna uma profecia autorrealizável, pois seu Crítico desperta e reforça os Sabotadores da outra pessoa, que por sua vez se tornam evidência para seu Crítico de que ele estava certo desde o começo. É claro que seu Crítico nunca vai assumir responsabilidade por despertar e reforçar os Sabotadores do outro. Na realidade, somos corresponsáveis por qual versão da outra pessoa surge e interage conosco.

É claro que relacionamentos passam por altos e baixos, bons e maus momentos. Como princípio básico, se você se encontra em uma briga exaustiva, esmagadora e violenta com um colega, parceiro, cônjuge ou filho, há boas chances de que o Crítico em você esteja ocupado criticando o outro, e vice-versa. E sim, isso é especialmente verdade em casos em que você está 100% seguro de que está certo e de que a coisa toda é culpa da outra pessoa.

Enquanto o papel danoso do Crítico é gritantemente óbvio dentro dos relacionamentos pessoais, ele é igualmente central nas tensões e nos conflitos em situações relacionadas ao trabalho. Eu raramente oriento uma equipe que não é o tempo todo sabotada por críticas que os membros fazem uns aos outros. Em algumas equipes, isso é feito de maneira aberta e confrontadora. Em outras, é feita de maneira mais subversiva e indireta. Nos dois casos, a não ser que os membros da equipe aprendam explicitamente a controlar seus próprios Críticos, a reunião de Críticos na sala pode causar um atrito significativo e permanente que tem como custo baixa confiança, energia desperdiçada, estresse em excesso e produtividade reduzida. Qual é o preço que você colocaria no dano que criticar outra pessoa causa em você, dentro de seus relacionamentos pessoais e de trabalho?

3. CRITICANDO CIRCUNSTÂNCIAS

O terceiro e último jeito pelo qual o Crítico nos sabota é criticando circunstâncias e eventos de nossas vidas e concluindo que estão deficientes. Isso leva a uma das maiores e mais destrutivas mentiras do Crítico: "Você vai ser feliz quando…"

Muitos dos CEOs que treino e que estão na metade dos 40 anos ou no começo dos 50 mostram sinais de alguma espécie de crise de meia-idade. Ironicamente, as crises mais profundas são vivenciadas por aqueles que alcançaram um número maior de objetivos que se propuseram a alcançar. Esses objetivos costumam estar relacionados a conquistas financeiras e a atingir o ápice da profissão. A crise vem de finalmente conseguir alcançar esses objetivos há tanto buscados e se dar conta de que a felicidade prometida que supostamente os acompanharia não está em lugar nenhum. No núcleo da crise de meia-idade está a pergunta: *Será que alguma coisa pode me trazer a paz e a felicidade ilusórias que busco todos esses anos?* A busca, obviamente, foi orquestrada pelo Crítico e por sua grande mentira: "Você será feliz quando…"

Quando você examina essa mentira mais de perto, vê que na verdade há duas mentiras embutidas nela. A primeira é que você não pode ser feliz em suas circunstâncias atuais. A maior parte de nossa infelicidade deriva simplesmente dela. Essa mentira coloca uma condição de "quando" em nossa possível felicidade; pode ser quando você conseguir seu primeiro milhão, quando for promovido, quando conseguir ser presidente da sua própria empresa, quando criar os filhos e os mandar para a faculdade, quando alcançar a segurança da aposentadoria etc.

A segunda mentira é que o "quando" é um alvo em movimento e não uma promessa a ser cumprida. Quando você conseguir seu primeiro milhão, o Crítico vai permitir que faça uma comemoração de dois minutos ou de dois dias, para depois convencer você de que não pode realmente ser feliz se não tiver uma segunda casa de campo, como sua melhor amiga da faculdade. Afinal, você é tão inteligente quanto ela, e é justo que também tenha uma, certo? O "quando" é renegociado assim que está prestes a ser alcançado. Milhões de pessoas morrem todos os anos ainda esperando alcançar o último "quando". Esse alvo em constante movimento é uma miragem e uma técnica-chave que o Crítico usa para garantir sua infelicidade eterna.

O fascinante é que cada "quando" é escolhido baseado não apenas em critérios objetivos, mas em comparações relativas que são completamente arbitrárias. Fui testemunha em primeira mão do absurdo desse fenômeno quando morava em São Francisco no final dos anos 1990, no epicentro do estouro da internet. Vi pessoas com boa formação e muito bem-sucedidas perderem completamente a perspectiva e permitirem que seus Críticos renegociassem seus alvos de "quando" em níveis absurdos.

Peter, um empreendedor que muito tempo antes tinha declarado que 10 milhões de dólares eram o alvo de sua aposentadoria feliz, rejeitou uma oferta de 125 milhões de dólares por sua empresa. O motivo? O amigo da faculdade vendeu a dele por 330 milhões e agora estava viajando de jato particular. Depois de fazer alguns cálculos, Peter decidiu que o estilo de vida que agora imaginava (que incluía um jato particular e casas de férias em vários continentes) exigia um alvo maior do que 125 milhões, e ele não conseguiria ser feliz com essa oferta. No desenrolar dessa história, no prazo de um ano ele testemunhou o colapso completo da avaliação da empresa e a consequente falência. O "quando" dele foi então renegociado pelo Crítico. Ele agora poderia ser feliz quando acabasse com as dívidas, chegasse a 10 milhões de patrimônio líquido e recuperasse parte do respeito em sua área. Encontrei Peter recentemente em uma conferência e descobri que ainda estava caçando o "quando" renegociado de 10 milhões. Tantos anos depois, os suspiros e os arrependimentos do Crítico ainda transpareceram nas palavras dele enquanto falava de sua vida. Ele ignorava completamente o fato de que, mesmo agora, ganhava uma quantidade de dinheiro e tinha um estilo de vida que o colocava entre o 1% de pessoas no topo do mundo. O Crítico de Peter ainda estava no comando, atrás do novo "quando".

Encontrei muitos exemplos assim: Jackson, um homem de 45 anos que antes estava satisfeito com um alvo de aposentadoria aos 60 anos, mas que se sentia fracassado porque ainda tinha que trabalhar enquanto seu vizinho, que fora extremamente bem-sucedido durante a explosão da internet, se aposentou com 42 anos; Allison, uma vice-presidente de marketing que antes estava feliz com um crescimento constante na escada corporativa em uma empresa que a tratava bem, mas que de repente se sentiu um fracasso por não ter pulado do barco como uma das sócias minoritárias que acabou ficando rica com um novo negócio; Tim, o CEO de uma das empresas não virtuais de capital aberto de melhor reputação, de um dia para outro mudou de se sentir no topo do mundo para se sentir um dinossauro incompetente. São impressionantes os truques do Crítico para renegociar o "quando".

Como vamos discutir no Capítulo 5, o "quando" para a paz e a felicidade é na verdade agora, independente das circunstâncias do seu trabalho e da vida pessoal. Qualquer outro "quando" é mentira do Crítico. O Sábio ajuda você a sentir paz e alegria independente do que está acontecendo em qualquer área da sua vida, enquanto os Sabotadores fazem você se sentir incompleto sejam quais forem as circunstâncias. O Sábio está certo: não se trata das circunstâncias. Não se trata do "quando". A questão é quem está sussurrando ou gritando no seu ouvido enquanto interpreta as circunstâncias para você.

Pense em cada "quando" que você declarou para si mesmo no passado e que realmente atingiu. Quanto tempo sua felicidade durou antes que você (seu Crítico) renegociasse uma nova? Que "quando" você está buscando agora como condição para sua felicidade e paz? Você estaria disposto a reconsiderar e desistir desse "quando" acreditando que pode ter grande paz e felicidade no trabalho e na vida *agora* mesmo?

A DIFERENÇA ENTRE CRITICAR E DISCERNIR

Costumo ouvir as pessoas dizerem que, sem seu Crítico, não conseguiriam se defender de seus erros, não dariam feedback corretivo rigoroso para as pessoas, não demitiriam quem tem que ser demitido, não diriam não quando precisam, não adotariam ações corretivas a tempo, e assim por diante. Essas alegações confundem discernimento com crítica.

Se uma pessoa entregou seus projetos atrasados cinco vezes seguidas, a voz do discernimento em você deveria simplesmente declarar esse fato e dizer que é provável, a não ser que alguma coisa mude, que essa pessoa vá se atrasar na entrega do próximo projeto. Esse é o discernimento; você está prestando atenção ao estado das coisas como são. Depois de fazer uma observação dessas, você pode ativar seu Sábio para decidir o que fazer com esse discernimento. Você poderia se sentar com essa pessoa para explorar as causas principais desse comportamento, para ver se pode ajudar. Poderia trabalhar em planos de contingência para que o atraso não tenha um impacto negativo em você. Poderia escolher demitir o funcionário se todas as tentativas anteriores de mudar esse padrão tenham falhado e ele não demonstre abertura para mudar. O Sábio pode ajudar você a fazer qualquer uma dessas coisas sem você sentir raiva, culpa, desdém, decepção nem traição.

A presença desses sentimentos negativos indica que o Crítico assumiu o controle e que você está criticando, em vez de discernir. Preste atenção às emoções envolvidas. Se você repara calmamente no que não está funcionando ou no que deu errado para descobrir como seguir em frente, está discernindo. Se você está se sentindo aborrecido, decepcionado, ansioso ou ressentido, está criticando. Na verdade, é assim que o Crítico causa a maior parte de seu tormento em qualquer situação. Seu tormento não é causado pelo que aconteceu; é causado pela reação do Crítico a isso.

ENFRAQUECENDO SEU CRÍTICO

Então o que devemos fazer com um inimigo interno que é tão falso, dominante e prejudicial e que esconde essas características com astúcia? Assim como com qualquer outro Sabotador, seu trabalho principal é observar e rotular os pensamentos e sentimentos do Crítico cada vez que os observa.

Considerando que os danos do Crítico são causados em três frentes completamente diferentes (criticando a si mesmo, as pessoas ao seu redor e as suas circunstâncias externas), você pode querer lembrar a si mesmo dos padrões típicos dele em cada uma dessas áreas. Também pode querer criar um nome particular para seu Crítico baseado na personalidade dele. Como mencionei antes, chamo o meu de "Executor", considerando sua postura brutal. Outros chamam os seus de "Destruidor", "Insaciável", "Brutal", "FDP", "Sabe-Tudo", "Rabugento". O nome que você escolher deve refletir a verdadeira natureza dele. Se você não conseguir bolar um nome que funcione melhor para você, não tem problema permanecer com "Crítico".

O ato de observar e rotular seu Crítico por si só vai ter um impacto significativo na sua vida. Repare na diferença entre dizer "Não consigo" e "Meu Crítico diz que não consigo". Ou "Você me fez passar vergonha de propósito" e "Meu Crítico diz que você me fez passar vergonha de propósito". Ou "É uma situação terrível" e "Meu Crítico diz que é uma situação terrível". Você repara na grande diferença de impacto entre esses dois tipos de frase? O Crítico perde boa parte da credibilidade e do poder se você o isolar como um invasor não desejado. No passado, ele era tratado como realeza, como uma bússola moral, como o centro de inteligência, discernimento, ambição e motivação, mas agora não. Observe o Crítico e simplesmente chame atenção para o que ele faz.

Esse é o começo do fim do seu maior impedimento para o sucesso e a felicidade plena. Você ficará impressionado com o que vai descobrir quando começar a observar o Crítico.

Para refletir

O que você mudaria, no trabalho ou na vida pessoal, se a voz do seu Crítico fosse enfraquecida significativamente?

PARTE III
SEGUNDA ESTRATÉGIA: FORTALEÇA SEU SÁBIO

Na Parte III, você vai aprender a segunda de três estratégias para aumentar o QP: fortalecer seu Sábio.

No Capítulo 5, você vai aprender sobre o poder e a sabedoria da perspectiva do Sábio e vai contrastá-la com a perspectiva bem mais comum do Crítico.

No Capítulo 6, você vai aprender sobre os cinco poderes do Sábio e como eles podem encarar qualquer desafio da sua vida. Para cada poder, você vai aprender um "jogo de poder" que o aumenta e dá a você maior acesso a ele quando necessário.

CAPÍTULO 5

A PERSPECTIVA DO SÁBIO

Sou um coach relativamente previsível e coerente. Quando alguém me procura com aflições mentais ou emocionais, escuto o que a pessoa tem a dizer e mostro compaixão pelo sofrimento. Mas antes de prosseguirmos na discussão, recito o seguinte princípio elementar da Inteligência Positiva: *Toda* a sua aflição é gerada por você. Para ser mais preciso, *toda* a sua aflição nas formas de ansiedade, decepção, estresse, raiva, vergonha, culpa — *todas* as coisas desagradáveis que levam ao seu sofrimento — é gerada por seus próprios Sabotadores.

Enfatizo a palavra *todas* porque descobri que, sob a influência dos Sabotadores, as pessoas querem barganhar e negociar. Elas alegam que, apesar de talvez concordarem que a maior parte do sofrimento é gerada por elas mesmas, a aflição do momento é diferente e justificada com base na severidade da situação. Como eu poderia não estar aborrecido com a perda do meu maior cliente? Como poderia não estar aborrecido comigo mesmo por estragar esse projeto? Como poderia não sentir decepção e frustração constantes pela incompetência do meu colega de equipe? Como poderia não sentir estresse com a possibilidade de perder meu emprego e minha casa com a economia terrível assim? Como poderia não ficar furioso com o comportamento obstinado do meu filho adolescente? A resposta é sempre a mesma. Ative seu Sábio para lidar com a situação e você vai se sentir bem diferente.

Seu Sábio tem acesso a seus cinco grandes poderes: empatia, exploração, inovação, navegação e ação decisiva. Com esses poderes, ele pode encarar todos os desafios que surgem de uma forma que não só vai gerar melhores resultados, mas também vai levar ao maior nível de satisfação pessoal, paz de espírito e felicidade ao longo do caminho.

Vamos explorar cada um dos cinco poderes do Sábio com mais detalhes no próximo capítulo. Neste capítulo, vamos nos concentrar na perspectiva do Sábio que, ao contrário da perspectiva do Crítico, que causa tanto sofrimento, leva à paz de espírito e ação concentrada mesmo em meio à maior das crises.

Há dois pequenos poréns em se dizer que todo sofrimento é gerado por Sabotadores. O primeiro é na circunstância da dor do luto como forma de sentir a perda de alguma coisa ou alguém, que é um processo saudável. O segundo, como vou discutir no Capítulo 8, é que alguns breves segundos de raiva, decepção, culpa ou vergonha são uma reação imediata normal a um evento. É o mesmo que sentir dor quando se toca no fogão quente. Um momento de dor física é um alerta para que você retire a mão e evite dano maior. Alguns segundos de dor psicológica devem alertar você do mesmo jeito para que mude a mente para o modo Sábio, para poder lidar com a situação sem o sofrimento e o dano dos Sabotadores. Se você não mudar o foco, é como se estivesse deixando a mão no fogão quente e continuasse a sentir a dor que foi útil apenas inicialmente.

A PERSPECTIVA DO SÁBIO CONTRA A PERSPECTIVA DO CRÍTICO

A perspectiva do Sábio envolve aceitar o fato em vez de negar, rejeitar ou se ressentir. Ela aceita *todos* os resultados e circunstâncias como dádiva e oportunidade. (Enfatizo a palavra *todos* para remover um vão pelo qual os Sabotadores pudessem entrar.) Pode parecer uma perspectiva radical. É o oposto exato de muitas das suposições do Crítico, nas quais a maior parte de nós acreditou cegamente durante anos ou décadas. A perspectiva do Crítico é que muitos resultados e circunstâncias são *ruins*, certamente não dádivas, e, portanto, são uma razão legítima para sentirmos angústia.

Uma parábola chinesa ilustra a diferença entre as perspectivas do Crítico e do Sábio:

A história do garanhão
Um velho fazendeiro mora em uma fazenda com o filho adolescente. Ele tem um belo garanhão, do qual cuida com amor.

O fazendeiro inscreve o garanhão na competição da feira anual do país. O garanhão ganha o primeiro prêmio. Os vizinhos do fazendeiro se reúnem para dar parabéns pela ótima vitória. Ele calmamente diz: "Quem sabe o que é bom e o que é ruim?" Intrigados com a resposta, os vizinhos vão embora.

Na semana seguinte, ladrões que ouviram falar do valor aumentado do garanhão roubam o cavalo. Quando os vizinhos aparecem para se lamentar com o fazendeiro, eles mais uma vez o encontram calmo e controlado. Ele diz: "Quem sabe o que é bom e o que é ruim?"

Vários dias depois, o corajoso garanhão foge dos ladrões e consegue voltar para a fazenda, levando com ele algumas éguas selvagens com quem fez amizade no caminho. Quando os vizinhos o parabenizam com animação, o velho fazendeiro mais uma vez diz: "Quem sabe o que é bom e o que é ruim?"

Algumas semanas depois, o filho do fazendeiro cai de uma dessas novas éguas quando está tentando domá-la e quebra a perna. Quando os vizinhos se juntam para se lamentar com o fazendeiro, ele mais uma vez os lembra: "Quem sabe o que é bom e o que é ruim?"

Na semana seguinte, o exército imperial marcha pelo vilarejo e recruta todos os jovens capazes para a guerra que acabou de começar. O filho do velho fazendeiro é dispensado por causa da perna fraturada. Os vizinhos não se dão mais ao trabalho de procurar o velho fazendeiro para parabenizá-lo. Àquela altura, já sabem qual será a resposta dele: "Quem sabe o que é bom e o que é ruim?"

Quando nosso Crítico diz que uma coisa é ruim, precisamos ouvir o que ele diz com reserva, se não desconsiderá-lo completamente. Nosso Crítico nos convence de que sabemos o que é bom e ruim a qualquer momento, mas a verdade é que não sabemos.

A perspectiva do nosso Crítico tem um foco limitado; ele tem visão tubular. Ele reage ao efeito imediato de algo e ignora as muitas possibilidades em longo prazo do impacto disso que poderiam resultar no oposto. A vida não para no efeito imediato. Até mesmo a história do garanhão não termina onde paramos. Quem sabe o que aconteceu depois? Pode ser que o filho, salvo do serviço militar graças ao ferimento conveniente, tenha pegado peste na epidemia que tomou conta do vilarejo um mês depois e morrido. Ou pode ter ficado para trás, conhecido a mulher dos sonhos e se casado, tendo depois um filho. O filho pode ter se tornado um grande cientista que curou muitas doenças. Ou pode ter se tornado um rapaz mentalmente perturbado que botou fogo no vilarejo. Quando o fazendeiro se recusou a perder o sono pelo premiado garanhão ter sido roubado, estava vendo a vida pela perspectiva do Sábio, em vez de pela visão tubular do Crítico.

O SÁBIO É ATIVO OU PASSIVO?

A história do garanhão apresenta uma visão incompleta da perspectiva do Sábio e pode ser enganosa se encarada literalmente. O fazendeiro apenas acredita e espera *passivamente* que uma coisa ruim se transforme em uma coisa boa. Isso pode ser visto como fatalista e nada prático, como se sentar em um sofá vendo TV e acreditando que tudo vai se resolver sozinho magicamente. O Sábio, no entanto, não é nada passivo. A perspectiva dele é a de que *tudo* é dádiva e oportunidade, mas ele não acredita nisso como questão de passividade e fé cega. O Sábio usa seus cinco grandes poderes para transformar essa perspectiva em realidade e para ativamente criar uma dádiva a partir de uma situação ruim. Se uma ação for necessária, o Sábio é bastante decisivo e toma as medidas que precisar. Ele se põe em ação, mas sem o sofrimento, a interferência e as distrações do Crítico e dos outros Sabotadores.

Muitas tradições espirituais defendem uma coisa parecida com a perspectiva do Sábio como questão de fé espiritual; essas tradições ensinam que tudo acontece por um motivo e faz parte do grande mistério da vida. No entanto, como uma pessoa que já foi coach de muitos agnósticos e ateus, eu não esperaria que você encarasse a perspectiva do Sábio como questão de fé espiritual. A perspectiva do Sábio é a estratégia mais pragmática a se seguir, independente da fé. O motivo disso é que a perspectiva do Sábio e a perspectiva do Crítico são ambas profecias autorrealizáveis.

A ansiedade, a decepção, a frustração, a vergonha, a censura e a culpa, os sentimentos favoritos do Crítico, nunca são o melhor combustível para a ação. Esses combustíveis podem fazer você sair do lugar, mas com uma enorme quantidade de poluição e atrito desnecessários no caminho. Assim que você se permite sentir a angústia do Crítico, valida a perspectiva dele; você desperdiça momentos preciosos da sua vida com sofrimento. Além disso, como vamos discutir no Capítulo 7, quando sua mente muda para o modo angústia, a visão tubular toma conta. Seu cérebro angustiado se concentra em problemas, em vez de em oportunidades. O Crítico e os Sabotadores que o cérebro perturbado ativa se apoiam uns nos outros e crescem como bola de neve depois que começam, garantindo que a situação "ruim" realmente seja uma situação ruim.

Seu Sábio tem o mesmo efeito bola de neve autorrealizável, mas no sentido contrário. Ele entra em ação não por se sentir mal, mas por empatia, inspiração, alegria da exploração, desejo de criar, desejo de contribuir e ímpeto de encontrar significado no meio até da pior das crises. Pela perspectiva do Sábio, não existe circunstância nem resultado ruim. Cada resultado apenas aponta para o primeiro passo em direção ao próximo resultado positivo. O Sábio leva você um passo positivo de cada vez, apesar do que a vida joga em cima de você.

COMO DESCOBRI MEU SÁBIO

No início dos meus 30 anos, ainda relativamente recém-saído da faculdade de administração, tive a ideia de um software de desenvolvimento de carreira e gerenciamento de desempenho. Usando minhas habilidades ainda novas de engenharia de software, codifiquei um protótipo interativo e ousadamente procurei CEOs de empresas da lista de quinhentas maiores empresas da revista *Fortune* para recrutá-los como investidores e membros do conselho administrativo. Para minha grande alegria, consegui investimentos pessoais significativos de CEOs de várias dessas empresas. A Hewlett-Packard mais tarde se tornou a primeira empresa a comprar o software para todos os seus funcionários. Outras vieram depois.

Conforme o estresse de alcançar as enormes expectativas cresceu, meus Sabotadores ficaram cada vez mais energizados e começaram a comandar o show. Meus colegas na empresa, as mesmas pessoas que tinham ficado inspiradas por minhas visões e se juntaram a mim, agora estavam chocados ao ver um CEO cada vez mais inseguro, que estava no modo Crítico por tanto tempo que não conseguia delegar nada. Eu estava violando e destruindo a mesma visão que os tinha atraído para a empresa, mas eles não conseguiram falar comigo sobre isso, mesmo depois de várias tentativas.

No dia mais doloroso da minha vida profissional, voltei do almoço e encontrei uma cena chocante que imediatamente fez meu coração parar. O presidente do conselho, o diretor sênior mais honesto e encorajador, o presidente e o vice-presidente mais antigo da minha empresa estavam sentados ao redor da mesa da sala de reuniões, esperando por mim. Por não conseguirem me fazer entender, o presidente e o vice-presidente tinham passado por cima da minha autoridade e procurado o presidente do conselho e o diretor sênior. Era como uma intervenção profissional, se é que isso existe.

Fui confrontado com a evidência irrefutável de minhas falhas como líder. Eu tinha atraído todo mundo para a empresa com uma visão de liderança iluminada, mas havia me tornado um microgerente, sem confiança e controlando todo mundo diretamente ligado a mim. Eu me tornara um tirano, um personagem que eu nem sabia ser capaz de ser. Estava botando em perigo a própria sobrevivência da empresa.

A experiência foi para mim tão dolorosa, tão humilhante, e uma traição tão grande (aos olhos dos meus Sabotadores) que fiquei em estado de estupor por quase uma semana. Meu Crítico foi direto desde o começo: *Como as pessoas em quem confiei puderam fazer isso comigo? Não viram que eu estava dando duro e fazendo tudo isso pelo bem da empresa? Devem ter feito por motivos particulares. Eu devia estar errado quando confiei neles como pessoas de integridade.* E assim por diante.

Normalmente, eu teria atacado ou ido embora, ações que teriam sido orquestradas por meu Crítico. Dessa vez, nenhuma das duas coisas era possível. Muitos dos investidores e clientes estavam ali por minha causa. Por eles, eu tinha que ficar e resolver a situação. Estava preso e tinha que trabalhar com pessoas que eu achava que tinham me traído.

Essa situação dolorosa acabou sendo a dádiva mais valiosa da minha vida profissional. A dor e o estresse se tornaram tão insuportáveis que, em determinado ponto, fui forçado a mudar para a perspectiva do Sábio, embora na hora eu não soubesse nada sobre a questão do Sábio contra o Sabotador. Eu apenas precisava transformar essa situação dolorosa em uma coisa com a qual pudesse começar a me sentir bem. Eu tinha que transformar isso em dádiva. Havia duas maneiras de fazer isso em que eu conseguia pensar: primeiro, eu podia reconstruir os relacionamentos fragilizados para que ficassem mais fortes do que antes da intervenção. Segundo, eu podia transformar a situação em uma oportunidade de grande crescimento para mim como líder.

Comecei a olhar ativamente para o que era bom, não o ruim, nas pessoas que critiquei tão intensamente. Comecei a ouvir mais profundamente o que estavam tentando me dizer o tempo todo. Testemunhei a luta deles repetidas vezes com impecável integridade pelo que era certo, por nossa visão coletiva, não apenas por eles mesmos. Acabei acreditando completamente que o que eles tinham feito naquela sala de reuniões foi um ato de grande coragem e preocupação, não apenas por nossa visão coletiva, mas também por mim. Acabei reconstruindo a confiança mútua, o cuidado e o respeito com todas as partes envolvidas. Esses relacionamentos acabaram ficando mais fortes do que antes. Até hoje, continuo amigo íntimo do presidente do conselho, do diretor, do presidente e do vice-presidente que me confrontaram naquela fatídica tarde na sala de reuniões, e sou agradecido a todos.

Para transformar a situação em oportunidade de crescimento, tive que encarar muitas das falsas suposições que tinha feito sobre mim mesmo e sobre os outros. Tive que enfrentar de novo meu terrível Crítico e começar a descobrir o cúmplice dele: um Hiper-Racional intelectualmente indiferente e arrogante. Na época, eu ainda não tinha os nomes desses personagens na cabeça, mas consegui ver claramente o dano devastador deles. Eu estava começando a descobrir o poder do Sábio em mim.

Não consigo nem começar a contar as muitas enormes dádivas que resultaram da minha experiência profissional mais humilhante. Eu não trocaria essas lições por toda a minha educação formal em psicologia e administração. Nem meus sucessos subsequentes como CEO e coach e nem este livro seriam possíveis sem essa experiência.

A TÉCNICA DOS TRÊS PRESENTES

Desenvolvi a técnica dos três presentes para ajudar as pessoas a mudarem para a perspectiva do Sábio. A coisa mais desafiadora que faço quando oriento indivíduos que estão em meio a intensos desafios de trabalho ou pessoais é sacudi-los até saírem da certeza da perspectiva do Crítico para que possam ao menos considerar o Sábio.

Se você estivesse sentado em frente a mim à mesa naquela fatídica tarde na sala de reuniões e tivesse me dito para confiar na perspectiva do Sábio e aceitar o confronto como presente e oportunidade, eu teria expulsado você na hora. Para ser mais preciso, meu Crítico teria expulsado você. Naquele dia, meu Sábio não estava em lugar nenhum, e isso acontece com a maior parte de nós quando encaramos uma crise. A pergunta é: como você pode acessar a sabedoria da perspectiva do Sábio quando o estresse e a dificuldade da sua situação deixaram seus Sabotadores extremamente energizados?

Para ajudar as pessoas a encontrarem a direção certa da resposta a essa pergunta, emprego a técnica dos três presentes: peço que pensem em pelo menos três situações em que essa suposta situação ruim poderia se transformar em dádiva e oportunidade. O período de tempo não importa. Pode ser em questão de dias, meses ou anos. As pessoas costumam encarar meu pedido com ceticismo, pois costumam ter certeza de que a situação é completamente ruim. No entanto, eu me recuso a continuar com nosso diálogo até elas pensarem em pelo menos três situações.

Uma vez, pedi à chefe de vendas de uma empresa para elaborar três situações nas quais a recente perda do maior cliente da empresa pudesse se tornar uma grande dádiva. Depois da hesitação e do ceticismo iniciais, ela sugeriu o seguinte: 1. isso poderia chamar a atenção da empresa inteira para o fato de que estamos perdendo parte do nosso diferencial e desencadear ações mais urgentes em desenvolvimento de novos produtos, o que pode em longo prazo conseguir mais clientes; 2. isso poderia deixar minha equipe de vendas mais aberta a melhorar suas capacidades; e 3. isso poderia liberar nossa equipe de serviço para servir melhor nossos clientes já existentes, o que resultaria em mais vendas por recomendação do que o que perdemos com o cliente recente. Se precisasse, ela conseguiria pensar em outras dez possibilidades mais.

Para os altamente céticos e resistentes, eu às vezes preciso repetir uma frase para tranquilizá-los: aceitar um resultado ruim como dádiva *não* significa atrair outros e nem não fazer nada quanto a ele. Por exemplo, você faz o melhor que pode para não deixar um copo cair. Mas quando ele escorrega da sua mão e quebra, qualquer quantidade de tempo e energia gastos em raiva, culpa, arrependimento ou preocupação é um completo desperdício. Se você decide ativamente transformar o copo quebrado em dádiva, pode examinar detalhadamente como e por que ele escorregou da sua mão para que se previna e não deixe cair no futuro um copo mais caro. Ou a dádiva pode ser que o acidente dá a você a chance de praticar ser mais positivo e engenhoso enquanto decide uma maneira criativa de convencer o vendedor a trocá-lo sem cobrar. Ou você poderia aprender a fazer objetos de vidro como hobby novo, o que levaria não apenas à substituição do copo, mas também a uma fonte de diversão para toda a vida. Você entendeu.

Você não precisa sempre transformar ativamente uma situação ruim em dádiva. Sua outra opção é apenas esquecer e deixar para trás sem qualquer resíduo de infelicidade, arrependimento e sofrimento. É mais fácil fazer isso depois que você realmente começa a acreditar na perspectiva do Sábio de que, se você quisesse, poderia investir tempo e energia para transformar a situação em dádiva. Quando você acredita que tem escolha, é mais fácil decidir deixar para trás.

Ironicamente, decidir deixar uma situação negativa para trás em vez de transformá-la em dádiva já é uma dádiva em si: você está fortalecendo o músculo Sábio que permite que você se libere de arrependimento, culpa e vergonha. Isso, por sua vez, enfraquece seu Crítico e fortalece seu Sábio para os desafios que você vai encarar no caminho. Pode parecer um argumento circular, e é mesmo. Você escolhe iniciar a bola de neve, o autorreforço e a perspectiva autorrealizável do Sábio, ou a bola de neve, o autorreforço e a perspectiva autorrealizável do Crítico e dos outros Sabotadores. Qual delas você quer que o guie pela vida?

E QUANTO A PROBLEMAS *REALMENTE* GRANDES?

Quando apresento a perspectiva do Sábio em meus seminários sobre liderança, alguém costuma perguntar: "Como pode *tudo* o que acontece ser uma dádiva e uma oportunidade? Como poderia ser esse o caso com uma doença grave ou a morte de uma pessoa amada?"

Eu observo que pesquisas mostram que, em média, adultos sãos que se tornam tetraplégicos devido a acidente voltam aos níveis de "referência de felicidade" de antes do acidente em um período de tempo relativamente curto.[19] Mas isso é a média. O que essa média esconde é que algumas pessoas permitem que eventos trágicos as tornem vítimas por toda a vida. Elas vivem e morrem amargas e ressentidas. Por outro lado, aqueles que escolhem a perspectiva do Sábio transformam tragédias em eventos que confirmam a vida e que trazem grande significado e propósito para suas existências. Christopher Reeve e Michael J. Fox são dois exemplos famosos de pessoas que escolheram transformar suas doenças (lesão da medula espinhal e mal de Parkinson, respectivamente) no propósito de vida de ajudar milhões de outras pessoas que sofrem dos mesmos males.

O maior medo de quaisquer pais, e talvez a tragédia mais arrasadora da vida, é a perda de um filho. Em 1980, Candy Lightner teve que encarar essa grande tragédia. Em uma manhã ensolarada de sábado na Califórnia, a filha de 13 anos, Cari, posou para as fotos do time de softball com o uniforme laranja e branco. Em seguida, foi andando com uma amiga para uma feira de igreja que estava ansiosa para ver. A feira estava no campo de visão de Cari quando ela foi atropelada e morta por um motorista bêbado que tinha sido condenado três vezes antes por dirigir sob influência de álcool.

Muitos — talvez a maioria das pessoas no lugar de Candy — viveriam o resto da vida como vítimas dessa perda. Mas ela ativou a perspectiva do Sábio. Quatro dias depois da morte da filha, Candy disse: "Prometi para mim mesma no dia da morte de Cari que lutaria para fazer esse homicídio desnecessário ter algum significado positivo nos anos futuros." Assim, ela fundou o Mothers Against Drunk Driving (MADD – Mães contra Direção Embriagada). Ao fazer isso, ela transformou a tragédia da vida curta da filha em um programa que acabaria salvando inúmeras vidas.[20]

É claro que é necessário um Sábio incrivelmente forte para se fazer o que Candy Lightner fez. Eu gostaria de pensar que meu Sábio é forte o bastante para despertar em uma situação dessas, mas não tenho certeza. E espero que jamais precise descobrir. Se eu descobrisse que meu músculo do Sábio é inadequado para um desafio desses e me visse refém dos meus Sabotadores por um longo período, eu lembraria a mim mesmo que a única maneira sã de se lidar com a tragédia é insistindo no fortalecimento do músculo Sábio. Com força cada vez maior, o músculo Sábio pode acabar recuperando o controle para trabalhar com o objetivo de transformar a tragédia em uma força positiva no mundo.

Os Sabotadores de algumas pessoas as enganam e as fazem insistir em casos extremos de perdas trágicas para desacreditar a abordagem do Sábio. Se você não está convencido que até as tragédias extremas podem ser transformadas em oportunidades positivas, coloque essa categoria como exceção e se preocupe com os 99% de desafios da vida que indiscutivelmente se beneficiam da perspectiva do Sábio.

Não podemos controlar e nem escolher muito do que acontece no trabalho e na vida. Mas podemos determinar o impacto que esses eventos têm em nós ao escolher como reagir. Deixe que seu Sábio faça a escolha.

> *Para refletir*
>
> Escolha um aspecto na sua vida, seja no trabalho ou em casa, que esteja causando sofrimento particularmente grande no momento. Experimente a técnica dos três presentes: pense em pelo menos três maneiras em que o problema poderia se transformar em dádiva e oportunidade em algum ponto no futuro.

CAPÍTULO 6

OS CINCO PODERES DO SÁBIO

O Sábio e seus cinco poderes podem encarar qualquer desafio, não importa o quão grave e intimidante seja. Eles encaram os desafios de uma maneira que chegam ao melhor resultado enquanto ao mesmo tempo geram emoções positivas e minimizam a negatividade e o estresse.

Todos nós temos os cinco poderes do Sábio. Todos demonstramos a capacidade de empatia por nós mesmos e pelos outros; de explorar com grande curiosidade; de inovar com opções criativas; de navegar entre nossas opções e escolher os caminhos que se alinham melhor com nossos valores e propósitos mais arraigados; e, por fim, de ativar nossa intenção para gerar resultados.

Mas o problema é que nosso uso típico desses poderes costuma ser "poluído" por uma grande quantidade de interferência de Sabotadores, e eles costumam perder a maior parte de seu impacto. Neste capítulo, vou mostrar como usar esses poderes de forma "pura". Também vou mostrar "jogos de poder" divertidos para aumentar e conquistar maior acesso a esses poderes.

Nem todo desafio vai exigir todos os cinco poderes, nem exigi-los em uma ordem especial. Se a casa está pegando fogo, você provavelmente quer apenas ativar sua intenção de sair correndo. Se a solução é óbvia, você não precisa inovar. Se suas opções não têm importância nem consequência duradoura, você não precisa consultar seu poder do Sábio de navegar. Quando você ativar seu Sábio, vai saber qual poder usar e quando.

1. TENHA EMPATIA

Ter empatia é sentir e mostrar apreciação, compaixão e perdão. A empatia tem dois alvos: você mesmo e os outros. Os dois são importantes. Uma empatia mais profunda por você mesmo costuma tornar possível ter maior empatia pelos outros. Para a maior parte das pessoas, ter empatia verdadeira por si mesmo é a coisa mais difícil de se fazer. Por quê? Você adivinhou: por causa da interferência dominante do Crítico.

Quando a empatia é necessária

Pense nos poderes de empatia do Sábio como o antídoto para a amolação do Crítico. Depois de anos criticando a mim e os outros, passei a acreditar que a maior parte de nós faz o que pode para ser o melhor ser humano que imaginamos. Somos imperfeitos, todos nós. Não alcançamos nossos ideais quase o tempo todo. Como resultado, somos amolados pelo nosso Crítico e pelos Críticos dos outros quase constantemente. Vamos aliviar um pouco para nós mesmos e para os outros.

A empatia recarrega baterias e renova a vitalidade que é sugada pela violência do Crítico contra nós mesmos. Ela trata dos ferimentos do guerreiro antes de mandá-lo para outra briga. É muito útil quando o recipiente da empatia (seja você ou outra pessoa) está sentindo dor e dificuldade emocional. Pense na empatia como o poder que você deve usar quando a reserva emocional está baixa, quando a pessoa precisa recarregar antes de seguir em frente com a ação que vai resolver o problema.

Considerando que você não deve passar um dia sem deixar de alcançar um ideal e sendo agredido pelo seu Crítico e pelo dos outros por causa disso, você provavelmente não quer passar um dia sem ter um pouco de empatia por si mesmo.

O que atrapalha

Muitos crescem com o Crítico dizendo que ter empatia por si mesmo é contraproducente. *Você precisa ser duro consigo mesmo,* diz o Crítico. Mas negar empatia por si mesmo não é sinal de força, como o Crítico quer que você acredite. É se oferecer para uma surra constante.

O Crítico avisa que, se você tiver empatia demais por si mesmo ou pelas dificuldades contornáveis dos outros, está encorajando mais esse comportamento que causou a dificuldade. *É melhor punir em vez de ter empatia,* diz ele. Uma falácia-chave desse argumento é a crença de que ter empatia pelo sofrimento significa tolerar a ação que gerou a dor. Se seu filho brinca na parte do parquinho em que você falou para ele não ir e quebra a perna, você primeiro o levaria para engessar a perna e teria empatia pela dor dele. Depois que a dor diminuísse, você teria uma conversa sobre lições aprendidas e como evitar o mesmo erro no futuro. O Crítico, é claro, discordaria intensamente dessa abordagem e exigiria um castigo desde o começo.

Jogo de poder: visualize a criança

Quando você muda para a perspectiva do Sábio, tem acesso automático aos cinco poderes dele, incluindo a empatia. Para fortalecer esse poder ainda mais, considere brincar com nosso primeiro jogo de poder, "visualize a criança", por apenas um minuto em sua cabeça.

Se você for para um parquinho e observar crianças de 5 anos brincando, provavelmente vai sentir empatia instantânea e afeto por esses estranhos. Isso acontece em parte porque nessa idade uma criança ainda irradia a essência da energia do Sábio. Os Sabotadores incômodos que nos tornam menos agradáveis quando adultos ainda não estão visíveis.

Você pode usar esse fato para fazer seu cérebro sentir empatia e afeição por você mesmo e pelos outros. Visualize-se quando criança em um local onde sua essência transpareça. Talvez você esteja segurando um filhote de cachorro, ou construindo um castelo de areia, ou correndo atrás de um coelho, ou abraçando uma pessoa amada. Escolha uma imagem vívida e detalhada que instantaneamente desencadeie sentimentos de amor e empatia. Você pode até querer procurar uma foto sua quando criança na qual sua personalidade esteja evidente. Coloque essa foto em sua mesa ou no celular ou computador, para que possa vê-la com frequência. Essa imagem vai ser um lembrete de que sua verdadeira essência merece amor e empatia incondicionais quando você estiver se sentindo maltratado por seu Crítico, pelos dos outros ou pelos problemas da vida.

O mesmo vale para gerar empatia pelos outros. Se você se sente aborrecido com alguém por causa dos Sabotadores dele, você é refém dos seus. Para recuperar seu Sábio, você pode ativar qualquer um dos cinco poderes dele. Se escolher ativar o poder do Sábio de ter empatia, visualize a outra pessoa quando criança em sua verdadeira essência, antes de ela começar a sentir o peso dos Sabotadores. Visualize os olhos e a expressão facial, o jeito de andar e o que costumava alegrá-la quando criança. Visualize-a segurando um filhote, abraçando a mãe ou correndo atrás de uma borboleta. Acredite que a mesma essência ainda está dentro dela, por baixo dos Sabotadores. Você pode fazer isso no fundo da sua mente até mesmo enquanto interage com ela em uma reunião. Isso vai ter impacto imediato no quanto você tem empatia.

2. EXPLORE

Quando crianças, todos nós sabíamos explorar da maneira mais pura, com grande curiosidade e fascinação pela descoberta. O modo Sábio de explorar tem uma pureza similar, como uma criança que anda por uma praia e vira uma pedra para ver o que tem embaixo. A energia e a emoção puras que o modo explorador do Sábio gera são baseadas em curiosidade, franqueza, assombro e fascinação pelo que está sendo explorado. Um Sábio forte pode ativar essa propensão à exploração mesmo em meio a uma grande crise.

Quando a exploração é necessária

Explorar é útil quando entender um problema ou situação mais profundamente pode colocar você em um caminho melhor. A pergunta do Sábio é: o que mais posso descobrir? A maior parte de nós tira conclusões, desenvolve soluções ou toma atitudes antes de ter entendido adequadamente a situação pela exploração completa dela.

O que atrapalha

Com que frequência você vivencia o modo explorador? Com que frequência se vê em uma posição de curiosidade profunda, franqueza e assombro em meio a uma situação difícil ou uma crise? É provável que não seja com muita frequência, por causa de interferência dos Sabotadores.

É provável que você tenha se sentido frustrado quando alguém com quem está discutindo escuta seletivamente e só ouve o que se encaixa no argumento dele. Todos nós fazemos isso sob influência dos Sabotadores. Achamos que estamos explorando abertamente e sendo curiosos, mas nosso campo de exploração é significativamente reduzido pelos nossos Sabotadores.

Uma coisa que ativa os Sabotadores é que não permitimos que o modo exploração aconteça puramente como um passo distinto. Costumamos estar ocupados demais tentando prever o passo seguinte ou fazendo manobras para ganhar uma discussão para deixar o Sábio explorar. O Crítico nos faz procurar apenas o que prova que o outro está errado. O Controlador só seleciona evidências que insistam no jeito dele. O Hipervigilante só captura sinais de perigo e ignora todas as indicações do contrário. O Esquivo tenta ignorar todos os sinais de que uma coisa difícil deve ser enfrentada. Você entendeu.

Isso tem um enorme preço para nós. Destruímos nossa capacidade de descobrir verdadeiramente toda informação importante e relevante antes de passarmos a uma solução ou ação. Deixamos de descobrir as coisas mais transformadoras e importantes, coisas que não sabíamos que não sabíamos.

Apesar de o modo explorador ser importante para encarar novos desafios, também é essencial para aprendermos com nossas falhas e nossos erros passados. Costumamos evitar a exploração dos nossos erros e falhas porque a presença do Crítico torna o ato doloroso demais ou controverso demais. O Sábio, é claro, conseguiria transformar esses erros em dádivas e oportunidades, em parte por meio de poderosas descobertas feitas no modo explorador.

Jogo de poder: o antropólogo fascinado

Quando assume o papel de antropólogo fascinado, você se torna um observador atento e descobridor do que simplesmente é, sem tentar criticar, mudar e controlar a situação. Tente ser um antropólogo fascinado em uma situação difícil. Ele não filtra seletivamente a informação que se encaixa nos julgamentos preexistentes ou no resultado desejado. O único objetivo é descobrir as coisas exatamente como são. Por exemplo, se você está em conflito com alguém, poderia por pelo menos três minutos deixar seus descontentamentos e suas exigências de lado, permitindo-se fascinar por descobrir por que a outra pessoa está se sentindo exatamente como se sente?

3. INOVE

Enquanto o poder de explorar procura descobrir o que é, o poder de inovar quer inventar o que não é. A inovação verdadeira é questão de sair dos parâmetros convencionais, das suposições e dos hábitos que nos seguram. "Qual é um modo completamente novo de fazer isso?" é a pergunta principal para inovar.

Quando a inovação é necessária

O poder de inovar é necessário quando o modo antigo de abordar uma situação ou os modos mais óbvios de lidar com ela não são suficientes. Uma nova abordagem fora dos parâmetros convencionais é necessária.

O que atrapalha

Estamos todos presos o tempo todo dentro de parâmetros preexistentes. O grupo de crenças e suposições sob os quais operamos forma os limites dos nossos parâmetros. Muitas dessas crenças e suposições limitadoras, todas produzidas por nossos Sabotadores, não foram examinadas e nem são conhecidas. Quando tentamos abordar a inovação de uma forma estritamente racional, com o lado esquerdo do cérebro, só chegamos a várias configurações de soluções que ainda funcionam dentro desses limites. Sem o poder de inovação do Sábio, continuamos no mesmo lugar, apenas mudamos nossa posição.

Você precisa do seu Cérebro QP e do Sábio para escapar dessas limitações e engrenar em verdadeiras inovações fora dos parâmetros. Para proteger o poder de inovar do seu Sábio da interferência do Sabotador, você precisa dar à sua mente uma única instrução: tenha o máximo de ideias possível. Ponto. Nada de avaliar as ideias conforme surgem. Avaliar durante a inovação é a porta dos fundos pela qual os Sabotadores entram.

É mais fácil ilustrar esse conceito em um ambiente de equipe e depois aplicá-lo à dinâmica dentro de sua cabeça. Imagine que está em uma reunião na qual você e seus colegas precisam ter ideias inovadoras sobre um produto. Se Joan propõe uma ideia e John mostra reprovação ao erguer as sobrancelhas, o Crítico surgiu. Todos vão começar a ser mais cautelosos nas ideias que oferecem, com medo de serem criticados e fazerem papel de bobo. A energia do Sábio vai começar a dar espaço para a energia do Crítico, que está interessado em autopreservação e em não fazer papel de bobo. A inovação sofre muito. O mesmo aconteceria se qualquer dos Sabotadores cúmplices não aprovasse ideias contrárias aos interesses dele. A questão é que nenhuma avaliação deve ser permitida durante o modo de inovação.

O mesmo vale para dentro da sua cabeça. Se seu Crítico ou outro Sabotador chama suas ideias iniciais de tolas ou impraticáveis, você vai começar a se fechar internamente e vai parar de inovar. Sua própria promessa mental interna deveria ser a de gerar o máximo de ideias possível, em sucessão rápida, sem qualquer tipo de avaliação. O objetivo do modo de inovação é o volume de ideias, não qualidade. Isso vai levar automaticamente a ideias de maior qualidade, pois energiza seu Cérebro QP, o motor das suas melhores ideias.

A boa notícia é que tudo de que você precisa no final desse processo é de *uma* ideia que passe no teste. A avaliação das suas opções pode ou não precisar do Sábio. Essa avaliação pode ser baseada em critérios simples e objetivos, como custo, eficácia, impacto, grau de dificuldade etc. Mas, se as opções que você está avaliando têm qualquer influência significativa nos seus valores, no seu propósito ou no significado, então você precisa acionar o poder de navegação do seu Sábio para ajudar você a decidir.

Jogo de poder: "sim... e..."

Para jogar "Sim... e..." para cada nova ideia que você tiver, responda dizendo: *"Sim,* o que adoro nessa ideia é... *e..."* Com essa abordagem, cada ideia é apreciada, em vez de simplesmente criticada antes de a próxima ser gerada em reação. Continue assim o mais rápido que conseguir, em ligeira sucessão. Esse jogo pode ser executado tanto dentro da sua cabeça quanto no ambiente de equipe.

Por exemplo, vamos dizer que você esteja fazendo um brainstorming para gerar ideias de como melhorar a experiência dos hóspedes na sua cadeia de hotéis. Bob começa dizendo: "Talvez possamos colocar música tranquila no saguão." Janet continua: "Sim, o que adoro nessa ideia é que relaxa os convidados. E podíamos dar uma olhada em pesquisas de aromaterapia para ver se algum aroma é comprovadamente relaxante." Kathy diz: "Sim, o que adoro nessa ideia é que estaríamos consultando uma pesquisa científica. E talvez pudéssemos dar uma olhada em pesquisas de psicologia positiva para melhorar o treinamento da nossa equipe de recepção."

4. NAVEGUE

O poder de navegação do Sábio lida com a escolha entre vários caminhos e alternativas com base em uma consistente bússola interna. As coordenadas dessa bússola são seus valores mais profundos ou o que dá sentido de propósito e significado à sua vida. Se você continuar navegando com essa bússola, suas escolhas cumulativas vão gerar a satisfação que advém de viver a vida em harmonia com seus ideais e princípios.

Quando a navegação é necessária

Você deve usar o poder de navegação do Sábio apenas quando vários caminhos estão disponíveis, alguns dos quais podendo estar mais em sintonia do que outros com seu senso de valor, propósito e significado.

Costumo ver as pessoas se sentirem empacadas por não conseguirem mapear um caminho completo do local onde estão até onde querem estar em longo prazo. Digo a elas que a situação é similar a se encontrar na beirada de um território desconhecido sem mapa. Para tornar tudo ainda mais desafiador, a área toda está coberta de densa neblina. Se seu objetivo era emergir na extremidade norte desse território, você não conseguiria planejar um caminho passo a passo para chegar lá. Você precisaria confiar em uma bússola. Se chegasse em um morro impossível ou qualquer obstáculo no trajeto, você tomaria o caminho mais próximo do norte que o contornasse. No devido tempo, se você sempre verificasse a bússola e sempre desse cada passo com o norte em mente, chegaria perto de onde queria estar.

De modo similar, muitas pessoas acham que a resposta do sentido da vida vai surgir um dia com trombetas e fogos de artifício. Elas se sentem empacadas porque não têm clareza completa de seu propósito na vida e nem do que tornaria suas vidas mais felizes ou mais importantes. Sugiro que elas consultem a bússola de navegação do Sábio para dar cada pequeno passo, sabendo que esses passos vão alguma hora levá-los a um lugar muito importante. Sem a bússola, acabaríamos dando muitos passos que, sozinhos, poderiam parecer bem-sucedidos, mas no fim poderiam estar nos fazendo andar em círculos. Uma crise de meia-idade é um bom exemplo desse fenômeno.

Isso é tão verdadeiro para indivíduos quanto para equipes e organizações. As coordenadas na bússola de uma equipe são os valores compartilhados pelo grupo ou qualquer coisa que traga uma sensação maior de significado ou objetivo a esse grupo.

O que atrapalha

Nossos valores mais profundos e as coisas que trazem significado e propósito às nossas vidas não ficam na mente racional, mas sim em nossos "corações". Em minha experiência, a grande maioria dos indivíduos, equipes e organizações que exibem com orgulho sua declaração documentada de valores ou objetivos só tem um relacionamento conceitual superficial com essas palavras, que só vivem nas cabeças deles. Consequentemente, pouco significam na realidade.

Para o poder de navegação do Sábio ter um impacto significativo, é preciso haver uma conexão mais profunda e mais visceral com as coordenadas da bússola. Elas precisam despertar emoções e inspirar.

A função de navegação do Sábio também é suscetível à poluição dos Sabotadores, que trazem seus próprios preconceitos. Por exemplo, o Crítico usa a culpa e a obrigação como coordenadas na bússola. O Hipervigilante tenta nos levar ao caminho que parece menos arriscado. E o Esquivo nos encoraja a navegar em um caminho que foge de conflitos a todo custo. Esses critérios de navegação, apesar de agradarem os Sabotadores, não resultam no melhor curso de ações.

Jogo de poder: olhe para o futuro

Quando encontrar a bifurcação na estrada, se imagine no final da sua vida revendo as escolhas que tem que enfrentar agora. Desse ponto de vista vantajoso, o que você gostaria de ter escolhido nessa ocasião? O motivo pelo qual esse exercício funciona é que, no final da nossa vida, muitas das preocupações triviais relacionadas aos Sabotadores desaparecem e se revelam como falsas. As coisas que permanecem são as reais, as que agregam valor, significado e propósito às nossas vidas.

A versão em equipe desse exercício é imaginar como todos gostariam de ter se conduzido como grupo nessa bifurcação em um ponto do futuro em que a equipe ou a organização não exista mais.

5. ATIVE

Alguns têm medo de que a atitude do Sábio de aceitar tudo como dádiva e oportunidade acabe levando à passividade, preguiça e falta de ambição e ação. A realidade é exatamente o oposto. O poder de ativar do Sábio leva você à ação pura, na qual todas as suas energias mentais e emocionais estão direcionadas com mira laser para a ação e não são distraídas pelos Sabotadores.

Quando a ativação é necessária

Você precisa dos poderes de ativação do Sábio quando fica claro que rumo de ações você deseja tomar. Esse poder permite que você se coloque em ação sem a procrastinação, a distração e nem a interferência que os Sabotadores provocam.

Por exemplo, se alguém lhe fez alguma coisa de ruim, você pode passar pelo modo de empatia do Sábio e decidir perdoá-lo, se libertando de qualquer ressentimento e amargura. Nesse ponto, você pode decidir deixar tudo de lado. Ou pode escolher perdoar, mas ainda assim procurar compensação. Se você decidiu seguir em frente com a atitude de procurar compensação, você passaria para o modo de ativação do Sábio. Sua ação seria pura e desprovida de raiva, de necessidade de vingança, de desdém pelo outro, de amargura, de ansiedade pelo resultado e de qualquer outra tendência dramática dos seus Sabotadores. Você pensaria simples e claramente sobre a melhor estratégia para conseguir sua compensação e prosseguir com a ação necessária para fazer com que isso acontecesse. Você teria mais chance de ser bem-sucedido, pois toda a sua energia mental e emocional estaria direcionada para efetuar corretamente a ação.

Quando você assiste a um ás das artes marciais em luta, como um dos Jedi em *Star Wars*, você tem a ideia da pura ação do Sábio. Quando um guerreiro com um forte Sábio é atacado de todos os lados, ele sabe que o único meio de sobreviver é ficando completamente quieto e centrando a mente. Isso significa deixar de lado todo o blá-blá-blá mental que vem dos Sabotadores. Fazer isso permite que o Sábio concentre todo o seu poder mental na tarefa urgente do momento. Se por uma fração de segundo ele se permite ficar zangado com o inimigo que o ataca pela esquerda, essa falta momentânea de foco pode significar morrer pela mão do inimigo que o ataca pela direita.

O paradoxo aqui é que a ação mais urgente pode ser tomada pela mais tranquila das mentes, as que são livres de interferência dos Sabotadores e conseguem se concentrar na pura ação. É o oposto da energia frenética que a maior parte das pessoas tem nas situações urgentes.

Você agora tem uma explicação diferente para o motivo pelo qual os atletas engasgam nos momentos mais importantes e o que seria possível para eles se conseguissem aprender a fortalecer os poderes do Sábio.

O que atrapalha

Cada Sabotador atrapalha a tomada de ação pura. O Crítico desperdiça sua energia provocando medo, estresse, raiva, decepção, culpa ou vergonha no mesmo momento em que você está agindo. O Esquivo e o Inquieto fazem com que você evite lidar com uma situação dolorosa, por meio de táticas diferentes. O Controlador e o Insistente fazem com que sua ação seja rígida e limitam a contribuição útil dos outros. O Hiper-Realizador quer que você tenha ações unicamente concentradas em um objetivo focado em realizações que ignora prioridades mais importantes, como relacionamentos. O Hiper-Racional faz você não ver sinais emocionais críticos vindos de você mesmo e de outros conforme você age. A Vítima convence você de ficar inativo para garantir que se torne uma vítima e prove que ela está certa. O Prestativo faz você centrar sua ação apenas nas atividades que agradem os outros e ganhem aceitação. O Hipervigilante desperdiça enormes quantidades da sua energia se preocupando com possibilidades, criando ansiedades que não são justificadas pelos riscos reais.

Jogo de poder: tome o lugar dos Sabotadores

Nesse jogo, você se coloca no lugar do seu principal Sabotador e tenta prever como ele pode procurar sabotar sua ação. Você prevê os pensamentos que ele sussurraria ou gritaria nos seus ouvidos no meio da ação e as mentiras que usaria para justificar esses pensamentos. Depois que prevê a sabotagem dele, você consegue interceptar e se libertar desses pensamentos facilmente quando surgem no meio da sua ação. Um componente-chave para a derrota de qualquer inimigo é prever e se preparar para o movimento dele. Você consegue efetivamente tomar o lugar dos Sabotadores quando desacredita o ataque deles com uma ação enquanto estiver centrado no modo do Sábio.

A Figura 13 resume os cinco poderes do Sábio, quando cada um é necessário e um jogo de poder que aumenta seu acesso a esse poder.

Fig. 13 Os cinco poderes do Sábio

PODER DO SÁBIO	QUANDO É NECESSÁRIO	JOGO DE PODER
Tenha empatia	Sentimentos fortes envolvidos. Reservas emocionais em baixa.	Visualize a criança
Explore	Precisa descobrir mais sobre o que está acontecendo antes de decidir ou agir.	O antropólogo fascinado
Inove	As ideias óbvias ou existentes não são suficientes. Precisa pensar além dos parâmetros.	"Sim… e…"
Navegue	Precisa se alinhar com valores, propósitos ou significados mais profundos.	Olhe para o futuro
Ative	Precisa agir sem interferência do Sabotador.	Tome o lugar dos Sabotadores

O CASO DE MARY

Mary era a vice-presidente de desenvolvimento de produtos em uma empresa de médio porte de artigos esportivos. Ela tinha sido uma estrela de ascensão rápida, principalmente por causa de sua excelência estratégica e analítica. Apesar de considerada brilhante por todo mundo, ela não era popular entre seus funcionários e não costumava inspirá-los. O novo CEO da empresa era bem menos tolerante com líderes que eram brilhantes estrategicamente ou tecnicamente, mas não tinham habilidades fortes de liderança. Mary foi avisada que seus dias estavam contados se não melhorasse o relacionamento com os membros da equipe e com os outros funcionários da empresa.

Quando falei com Mary pela primeira vez, os Sabotadores estavam claramente no controle. Ela estava visivelmente aborrecida com o novo CEO, que estava colocando tanta ênfase nessa "bobagem de sentimentos", como falou. "Liderança não é um concurso de popularidade", protestou ela.

Quando sugeri a perspectiva do Sábio, que ela devia aceitar a situação toda como dádiva e não problema, ela não ficou impressionada. Para afrouxar o domínio do Crítico sobre ela, insisti que bolasse pelo menos três situações em que esse ultimo pudesse ser transformado em dádiva e oportunidade. Ela respondeu sarcasticamente que talvez isso acelerasse o desligamento dela e que esperava ir para algum lugar onde fosse apreciada. Insisti em mais possibilidades, e ela acabou pensando em algumas. Isso enfraqueceu o Crítico dela um pouco, mas não muito. O Sábio ainda estava nas sombras.

Depois de um pouco mais de trabalho para pelo menos dar mais espaço para a perspectiva do Sábio, Mary concordou em experimentar os cinco poderes do Sábio para transformar essa perspectiva em uma realidade autorrealizável.

1. Ter empatia

Mary achou o convite para ter empatia por si mesma no mínimo uma distração irrelevante e extremamente contraproducente. Disse que tinha orgulho de ter conseguido sair com sucesso das circunstâncias difíceis da família em grande parte porque fora dura consigo mesma e não se permitira cair em autopiedade. Ela levou um tempo para concordar que autopiedade era muito diferente de compaixão por si mesma. Como atleta competitiva, ela comparava a compaixão por si mesma com fazer um curativo em um ferimento antes de voltar para o campo.

Mary concordou em ser mais gentil consigo mesma na semana seguinte e em fazer o jogo de poder de visualizar a criança para melhorar o poder do Sábio de ter empatia. Concordou em olhar para uma foto de si mesma quando criança todos os dias para ter mais empatia e apreciação por si mesma. Isso seria particularmente útil quando ela se sentisse emocionalmente esmagada por si mesma ou pelos outros, o que acontecia com frequência. Também concordou em observar e rotular os pensamentos do Crítico com o máximo de frequência que conseguisse.

Mary ficou com humor sóbrio na semana seguinte, dizendo estar impressionada com a voracidade, maldade e insistência do Crítico. Ela deu um nome para ele: "Destruidor." Descobriu por que precisava do antídoto constante da empatia do Sábio por si mesma.

Acessar a empatia por si mesma levou Mary a também sentir um pouco mais de empatia e a criticar menos aqueles que talvez tenham reclamado da liderança dela, apesar de sua reação ainda ser mista.

2. Explorar

Para acessar completamente o poder do Sábio de explorar, Mary concordou em fazer o jogo do antropólogo fascinado na semana seguinte. Ela concordou em observar e avaliar as mudanças de energia e emoção durante interações entre membros da gerência sênior.

O relatório de Mary na semana seguinte foi impressionante. Fiel à sua perseverança e motivação, ela registrou 16 interações. Ela reparou que, em cerca de um terço dessas interações, a energia e as emoções da outra pessoa tinham mudado e ficado reduzidas ou negativas. Os outros dois terços pareciam ter sido neutros. Ela comparou isso com o colega Tom, cujas interações pareciam ser metade neutras e metade resultantes em maior energia ou mais sentimentos positivos nas outras pessoas. Ela disse que ficou fascinada com as descobertas e constrangida por elas. Mary mal tinha terminado de elaborar a frase quando observou que o Crítico, o Destruidor, provavelmente tinha provocado o constrangimento.

3. Inovar

Com tudo o que tinha descoberto, Mary estava pronta para chegar a algumas soluções para o problema. Sugeri o processo de inovação do Sábio, é claro. Para criar um ambiente livre de Sabotadores para o Sábio de Mary poder inovar, ela concordou em fazer o jogo de poder do "Sim... e..." por um período de vinte minutos. Eu agi como escriba, mas não contribuí com ideias.

Foi devagar a princípio, pois ela ainda estava obviamente criticando as ideias antes de permitir que saíssem pela boca. Mas, nos últimos dez minutos, o Sábio dela tomou o controle, o que ficou evidente na fala rápida com a qual gerava ideias sem filtrar e em como algumas delas eram completamente fora dos parâmetros. Ela gerou 75 ideias, das quais muitas eram nada práticas, mas algumas eram bem promissoras.

4. Navegar

Mary descartou todas as ideias, menos cinco, por serem impraticáveis ou difíceis. Sugeri que a bússola de navegação do Sábio a ajudasse a decidir entre as opções que restaram. Ela concordou em fazer o jogo de poder de olhar para o futuro para acessar a bússola interior. Ao olhar para a situação da perspectiva do fim da vida, ela diminuiu as opções para duas.

Uma das opções era de substituir todos os "não... mas..." por "sim... e...". Essa ideia veio das observações como antropóloga fascinada; ela tinha reparado com que maior frequência em comparação com o colega Tom ela usava as palavras "não" e "mas" em suas interações com os outros.

A outra escolha de Mary foi a ideia mais corajosa que gerou. Para causar uma mudança clara e significativa em sua imagem pública e sinalizar uma intenção evidente de mudar, ela ia se vestir como Butt-Head, do desenho animado *Beavis e Butt-Head*, na festa de Halloween da empresa. Ela então contaria para as pessoas sobre sua escolha consciente de deixar de ser do contra e seguir em frente. Ela disse que, antes de consultar a bússola do Sábio, quase fugiu dessa opção por considerá-la arriscada demais. Mas depois de consultar a bússola no jogo de olhar para o futuro, teve certeza de que, ao final da vida, iria querer ter tomado o caminho mais ousado.

5. Ativar

A pergunta seguinte para Mary era o que a atrapalharia quando fosse agir em suas duas escolhas, livre da interferência dos Sabotadores. Para responder a isso, Mary fez o jogo de poder de tomar o lugar dos Sabotadores. Ela bolou três maneiras pelas quais os Sabotadores tentariam atrapalhar sua ação: (1) o Crítico a chamaria de fraca ou perdedora por ter que fazer isso; (2) o Crítico a deixaria aborrecida com os outros por não aliviarem para ela como líder; (3) o Hiper-Realizador iria querer manter uma fachada boa em vez de admitir falhas. Como Mary estava no modo Sábio, ela conseguia ver claramente o dano que esses pensamentos de Sabotadores causariam. Isso facilitou que interceptasse, rotulasse e desacreditasse todos esses pensamentos na hora em que aconteceram quando ela começou a agir.

INTELIGÊNCIA POSITIVA

No fim das contas, a fantasia de Halloween foi o início perfeito para a "nova" Mary, pois não era nada característico dela rir de suas próprias falhas. A atitude dela deu a todos uma ideia do quanto ela estava trabalhando seriamente no problema e da humildade dela em explorar e reconhecer suas imperfeições. Isso ajudou os outros a serem pacientes com ela nos seis meses seguintes, enquanto ela continuou a praticar e melhorar os novos poderes do Sábio. Como às vezes acontece com esse tipo de trabalho, o progresso assumiu a forma de dois passos para a frente e um passo para trás em momentos de muito estresse, durante os quais os Sabotadores recuperaram a força. O novo CEO reparou no progresso de Mary e apontou o trabalho dela como modelo de liderança corajosa e aprendizado para uma vida toda, que eram valores que ele queria promover. O modo "sim... e..." se tornou a marca registrada de Mary e foi adaptado por outros na organização.

Mary me ligou no dia seguinte à festa de Halloween no ano seguinte. A equipe toda a surpreendeu indo vestida de Butt-Head. Ela disse que, de alguma forma, foi a validação mais satisfatória de seu sucesso em desenvolver as capacidades de liderança.

> *Para refletir*
>
> Em que área de seu trabalho ou sua vida você poderia fazer uso de uma nova perspectiva criativa? Faça o jogo do "sim... e..." escrevendo uma ideia após a outra sem parar por dez minutos, sem nenhuma avaliação no processo.

PARTE IV

TERCEIRA ESTRATÉGIA: FORTALEÇA OS MÚSCULOS DO SEU CÉREBRO QP

Na Parte IV, você vai aprender a terceira das três estratégias para melhorar o QP: fortalecer os músculos do Cérebro QP. Você vai aprender a diferença entre seu Cérebro Sobrevivente e seu Cérebro QP em maior profundidade. Vai também aprender técnicas divertidas, simples e concretas para fortalecer os músculos do Cérebro QP.

CAPÍTULO 7

TÉCNICAS DE BOA FORMA PARA O CÉREBRO QP

Lembre-se de nossa discussão anterior, que seus Sabotadores e seu Sábio são controlados por duas áreas diferentes do seu cérebro. Os Sabotadores são alimentados pelas partes do cérebro que se concentravam inicialmente em sua sobrevivência física e emocional, o que chamamos de Cérebro Sobrevivente. O Sábio, por outro lado, é alimentado pelas áreas do cérebro que chamamos de Cérebro QP.

Ativar seu Cérebro QP aumenta o volume da voz do Sábio em sua cabeça e diminui o volume dos Sabotadores. É por isso que fortalecer os músculos do seu Cérebro QP é a terceira estratégia importante para aumentar o QP. As técnicas que você vai aprender neste capítulo foram desenvolvidas especificamente para se encaixarem em seu estilo de vida ocupado e exigente.

O CÉREBRO SOBREVIVENTE

Para entender o Cérebro QP, é útil primeiro entender seu congênere, o Cérebro Sobrevivente. O Cérebro Sobrevivente consiste nas partes mais primitivas do cérebro, o tronco cerebral e o sistema límbico, ambos envolvidos em desencadear nossa resposta ao perigo. O lado esquerdo do cérebro é o hemisfério primário envolvido nas funções de sobrevivência.

A marca do Cérebro Sobrevivente é a reação de lutar ou fugir. Um brilhante projeto da natureza, essa reação muda instantaneamente as prioridades do cérebro e do corpo para sobreviver ao perigo imediato. Nossos olhos reduzem a visão periférica e se concentram na origem do perigo ou no caminho de fuga. Todas as funções não essenciais do cérebro e do corpo são reduzidas e o sangue é direcionado aos músculos maiores do coração e dos membros, permitindo uma fuga rápida.

Além de reduzir o foco do corpo, a reação de lutar ou fugir também reduz o foco da *mente* para prever e escapar do perigo em detrimento de outras funções. Em particular, ela ativa os agentes sobreviventes da mente, os Sabotadores. Ativar os Sabotadores diminui o acesso aos poderes do Sábio, que são mais voltados para o desenvolvimento do que para a sobrevivência. Quando o cérebro está em modo de sobrevivência, fica tão concentrado em ver sinais de perigo e em encontrar alguma coisa ou alguém para botar a culpa que perde sinais de oportunidade e não consegue apreciar o que é certo.

O Crítico governa o Cérebro Sobrevivente. Sua própria existência é devida ao Cérebro Sobrevivente: a propensão negativa extrema do Crítico foi útil para a sobrevivência física de nossos ancestrais em um mundo perigoso e imprevisível de predadores, inimigos e desastres naturais. Como vimos, o Crítico desperta e é, em troca, despertado pelos Sabotadores cúmplices. Assim, o Cérebro Sobrevivente alimenta todos os Sabotadores, e em troca esses Sabotadores continuam a alimentar o Cérebro Sobrevivente. É um círculo vicioso que alimenta a si mesmo até você aprender a silenciar seu Cérebro Sobrevivente e ativar seu antídoto, o Cérebro QP.

Para ilustrar, vamos supor que você perde um cliente importante. Seu Crítico declara que é uma coisa "ruim" e, portanto, motivo de aflição. Isso, por sua vez, desperta o cúmplice dele, que foi originalmente formado para ajudar você a sobreviver e lidar com a aflição iniciada pelo Crítico. Assim, você pode ficar rígido e exageradamente perfeccionista em sua próxima apresentação para um cliente (Insistente), ou procrastinar ao garantir outra apresentação para o cliente (Esquivo), ou ficar melancólico e sentir pena de si mesmo para conseguir um pouco de atenção (Vítima), ou se distrair com alguma coisa divertida para afastar a mente de ter que lidar com a situação (Inquieto), e assim por diante com cada um dos Sabotadores. Esses Sabotadores vão acabar perpetuando o problema e, assim, vão alimentar a energia aflitiva do Crítico, que foi o que iniciou a coisa toda.

A abordagem do Sábio, é claro, teria sido a de acolher o evento todo como dádiva e oportunidade, iniciando um círculo bem diferente, um círculo virtuoso envolvendo o Cérebro QP e não o Cérebro Sobrevivente.

A maior parte das pessoas hoje vive em aflição e ansiedade relativamente constantes. Isso se relaciona a uma reação de lutar ou fugir de baixo grau, porém perpétua, planejada pelo Crítico em reação aos desafios da vida, tanto pessoais quanto profissionais. Apesar de a reação de lutar ou fugir originalmente ter evoluído para nos tirar de perigos intensos e iminentes, a maior parte de nós usa o Cérebro Sobrevivente constantemente. A consequência dessa aflição e ansiedade perpétuas é o aumento da pressão arterial, o aumento de doenças cardiovasculares, um enfraquecimento do sistema imunológico, a reduzida longevidade e menos felicidade e realizações.

O CÉREBRO QP

O Cérebro QP faz parte do cérebro que dá ao Sábio sua perspectiva e seus cinco poderes. Ele consiste de três componentes: o córtex pré-frontal medial (CPFM), o Circuito da Empatia e o lado direito do cérebro.

O CPFM é uma região relativamente pequena do cérebro que executa várias funções QP críticas. Elas incluem observar a si mesmo, fazer uma pausa antes de agir, acalmar o medo, manter-se centrado em meio a uma situação de desafio e ter a sabedoria do pressentimento. Como você pode ver, o CPFM contrabalanceia muitos dos efeitos do Cérebro Sobrevivente e energiza o Sábio.

"Circuito da Empatia" é meu termo para algumas áreas diferentes do cérebro que juntas são responsáveis por sentir empatia por si mesmo e pelos outros. Também ajuda seu cérebro a se sintonizar com as emoções e energia dos outros. (Para mais detalhes, veja o Apêndice.)

O lado direito do cérebro lida com o todo, com as imagens, a linguagem não verbal e a detecção de coisas invisíveis tais como energia e humor. Ele ajuda com sua percepção de nossas sensações físicas e emoções. Isso contrasta com o foco do lado esquerdo na linguagem, no pensamento linear e lógico e nos detalhes. O lado esquerdo do cérebro é importante em lidar com os detalhes de nossa vida diária, enquanto o lado direito nos permite prosperar em uma vida repleta de relacionamentos, curiosidade, descobertas, alegria e significado.

Quando crianças, as forças do nosso Cérebro Sobrevivente e do nosso Cérebro QP são bem mais equilibradas do que quando crescemos. Conforme nos tornamos adultos, nosso Cérebro Sobrevivente é continuamente exercitado, recompensado e fortalecido, enquanto o Cérebro QP se atrofia. Na grande maioria dos adultos, os músculos do Cérebro Sobrevivente são bem mais fortes do que os do Cérebro QP.

A boa notícia é que os músculos do Cérebro QP respondem bem rapidamente ao exercício e podem desenvolver grande força em um tempo relativamente curto.

Uma percepção de mudar a vida

Em *Paraíso Perdido*, John Milton escreve: "A mente é um lugar próprio, e dentro de si mesma pode transformar em céu um inferno, em inferno um céu."[21] Isso ilustra um dos princípios mais críticos do QP: os sentimentos positivos e estimulantes de paz, alegria e verdadeira felicidade são simplesmente impossíveis de sentir quando seu Cérebro Sobrevivente está no controle, e isso seria verdade mesmo se você estivesse no céu. Por outro lado, você vai automaticamente vivenciar os sentimentos e a perspectiva edificantes do Sábio quando seu Cérebro QP estiver completamente energizado, mesmo se você estiver no inferno (falando figurativamente, é claro). Em outras palavras, como você se sente depende de que região do seu cérebro está ativa, e não da sua situação ou circunstância. A felicidade é um jogo interior, literal e neuroquimicamente falando.[22]

A dra. Jill Taylor, especialista em neuroanatomia formada em Harvard e proeminente pesquisadora do cérebro, vivenciou essa verdade pessoalmente das formas mais dramáticas. Ela sofreu um grave derrame em 1996, o que destruiu a maior parte das regiões do Cérebro Sobrevivente e deixou as regiões do Cérebro QP no controle. Sem o impacto do antes dominante Cérebro Sobrevivente, ela teve a experiência da cessão completa dos pensamentos angustiantes e descobriu sua mente incrivelmente silenciosa. Com o Cérebro QP agora no controle, ela vivenciou a sensação eufórica de paz, alegria e compaixão. Isso aconteceu apesar de ela estar testemunhando seu corpo ficar paralisado e sua carreira brilhante começar a ruir.

A percepção revolucionária que ela ganhou foi a de que a vida parecia e era fundamentalmente diferente dependendo de que região do cérebro estava dominante. Ela acabou recuperando completamente todas as funções do cérebro, mas agora entendia com clareza que parte do cérebro devia dominar. Seu relato comovente é descrito em seu livro, *A Cientista que Curou seu Próprio Cérebro*.[23]

A questão aqui não é tentar se livrar de metade do seu cérebro. Como Jill Taylor descobriu, você precisa de muitas das funções do Cérebro Sobrevivente para lidar com as rotinas diárias da vida. Na verdade, o objetivo é passar o Cérebro Sobrevivente do assento do capitão para o do copiloto, para que ele deixe de governar você e seja governado por você. O novo ca-

INTELIGÊNCIA POSITIVA

pitão, seu Cérebro QP, que alimenta seu Sábio, sabe quando e como comandar seu copiloto. Para conseguir isso, é claro, você quer fortalecer os músculos do seu Cérebro QP, permitindo que seu Sábio assuma o comando com mais frequência.

FORTALECENDO MÚSCULOS DO CÉREBRO QP

Para desenvolver seu bíceps, você pode levantar peso repetidamente. O equivalente do Cérebro QP ao levantamento de peso é bem simples: desvie o máximo de atenção que conseguir para seu corpo e para qualquer um dos cinco sentidos por pelo menos dez segundos. É uma repetição QP, assim como as repetições que você faz na academia.

Essas simples repetições exigem e consequentemente ativam e energizam seus músculos do Cérebro QP. Por exemplo, fazer você parar de ficar perdido em pensamentos e passar a prestar atenção em suas sensações físicas usa o CPFM e as partes do lado direito do Cérebro QP. Numerosos estudos relacionaram a atenção concentrada em sensações físicas do momento com a ativação das regiões do Cérebro QP.[24] Esses estudos também mostraram que esse exercício reprograma permanentemente o cérebro ao formar novos caminhos neurais que permanecem ativos mesmo quando a pessoa não está mais se concentrando no exercício. Isso é similar ao modo como seus músculos permanecem fortes depois que você sai da academia. (Para mais detalhes, veja o Apêndice.)

Muitos especialistas recomendam dar pelo menos 10 mil passos por dia para permanecer fisicamente saudável. (Isso equivale a andar aproximadamente 8 quilômetros.) O equivalente do Cérebro QP é fazer cem repetições QP todos os dias. Em outras palavras, mude o tanto de atenção que puder para seu corpo e para qualquer um dos cinco sentidos por pelo menos dez segundos cem vezes por dia. Você não precisa se preocupar em contar o tempo precisamente. Dez segundos é o equivalente a cerca de três respirações.

Todos os dias apresentam diversas oportunidades de fazer as repetições QP. Por exemplo, você provavelmente se perdeu em pensamento enquanto lê este livro, sem estar realmente ciente do seu corpo. Portanto, agora mesmo, enquanto você continua a ler, comece a sentir o peso do seu corpo no assento por cerca de dez segundos (ou três respirações). Ou comece a sentir a temperatura, a textura e o peso do livro que você segura na mão. Ou comece a prestar atenção em suas próximas respirações e sinta seu peito e sua barriga subirem e descerem. Ou tente ouvir todos os sons ao seu redor enquanto continua a ler. Você acabou de fazer algumas repetições QP dentre seu objetivo diário de cem.

Como você pode ver, não é difícil fortalecer os músculos do Cérebro QP. É preciso apenas um pouco de prática. Assim como você não pode desenvolver seu bíceps lendo sobre exercícios, não pode fortalecer seu Cérebro QP pensando, lendo ou discutindo conceitos. Você precisa fazer as repetições. Aqui estão outros exemplos de como você pode transformar suas atividades comuns em oportunidades de fazer repetições QP.

Rotinas diárias: Você pode transformar muitas das suas rotinas diárias em fortalecedores de músculos QP. Na próxima vez em que escovar os dentes, veja se consegue colocar uma mira laser na sensação física de escovar pelo mínimo de dez segundos. Por exemplo, sinta as vibrações das cerdas da escova contra seus dentes e sua gengiva, sinta o cheiro da pasta de dentes ou sinta as bolhas da pasta explodindo na sua boca. Concentre-se em uma dessas sensações de cada vez e livre-se de pensamentos quando surgirem. É fácil fazer algumas repetições a cada vez que você escova os dentes.

Quando você tomar banho, se permita parar a torrente de pensamentos por um curto minuto, se concentrando então em uma sensação física. Por exemplo, preste atenção à sensação das gotas de água caindo na sua pele, ou ao som da água batendo no piso do chuveiro, ou ao sentimento sutil da espuma sobre a pele. Concentre-se em uma sensação de cada vez. Fechar os olhos costuma ajudar, pois reduz a distração visual, a não ser que seja o sentido da visão que você queira utilizar.

Exercício físico: Você também pode transformar sua rotina de exercícios físicos em uma oportunidade de fazer muitas repetições QP. Quando se exercitar, concentre-se em vez de se dispersar. Tire alguns minutos de sua sequência para prestar atenção em seus cinco sentidos. Por exemplo, se você estiver em um aparelho de ginástica, feche os olhos por alguns minutos e escute atentamente o aparelho, sua respiração e quaisquer outros sons ao seu redor. Ou realmente sinta as várias sensações em cada músculo exercitado. Se um músculo doer, coloque toda sua atenção nas nuances dessa dor, em vez de tentar fugir dela. Se você corre, concentre-se por alguns minutos nos detalhes visuais dos seus arredores, prestando atenção às cores e texturas. Em seguida, mude seu foco por alguns minutos para ouvir a música dos pássaros, o som dos seus pés batendo no chão, de sua própria respiração e o som do vento em seus ouvidos.

Comer: O prazer de comer pode ser significativamente aumentado enquanto você também exercita seu cérebro QP. Na próxima vez em que você se sentar para fazer uma refeição, tire ao menos um minuto para se tornar completamente presente e ciente do gesto de comer. Dê uma mordida e feche os olhos, se possível, e preste atenção à textura e sabor do alimento enquanto mastiga. Você vai perceber que o prazer de comer é aumentado quando você também faz algumas repetições QP.

Se feitas consistentemente, as repetições QP enquanto você come serão mais poderosas do que qualquer plano de dieta. Você não vai comer tão rápido e vai ter muito mais prazer e satisfação com bem menos comida. A maior parte dos problemas de peso é associada a comer distraidamente como forma de satisfazer o psicológico, em vez de uma verdadeira fome física. Ativar o Cérebro QP e, por sua vez, acalmar os Sabotadores diminui significativamente essa fome emocional.

Ouvir música: Na próxima vez em que você for ouvir música, concentre-se, em vez de divagar. Veja se consegue passar pelo menos alguns minutos totalmente concentrado na música. Por exemplo, escolha um instrumento e preste atenção aos sons que ele faz. Esteja completamente presente em cada nuance de cada nota, em vez de divagar, como costumamos fazer quando ouvimos música. Isso vai aumentar seu prazer auditivo e desenvolver seu Cérebro QP.

Fazer esportes: Na próxima vez em que você for praticar um esporte, não deixe de prestar atenção às sensações do seu peso sobre seus pés, à brisa no seu rosto, ao seu toque no taco ou raquete, ou ao seu pé contra a bola. Preste atenção tanto ao movimento da bola girando quanto ao impacto dela. Liberte-se ativamente de pensamentos quando surgirem e mergulhe em uma sabedoria corporal cada vez maior que só é possível com a ativação do Cérebro QP. Isso é o que acontece quando os atletas relatam terem chegado "à zona", onde o esforço físico se torna imperceptível e flui.

Por que os atletas às vezes engasgam em situações difíceis? Por que um jogador de basquete erra uma cesta fácil de dois pontos que venceria o jogo no último segundo? A única diferença entre esse momento e as centenas de vezes em que ele fez essa cesta nos treinos é a voz perturbadora do Crítico. O que aconteceria com o desempenho dele se essa voz fosse silenciada com a ativação do Cérebro QP, permitindo que ele se concentrasse completamente na cesta e na bola? Experimente isso e você vai descobrir um impacto significativo em seu desempenho nos esportes que você pratica.

Estar com os entes queridos: Na próxima vez em que abraçar alguém que ama, você consegue estar completamente presente por dez segundos? Consegue estar tão presente a ponto de sentir a respiração ou os batimentos dessa pessoa? Consegue se sentir em seu corpo, sentir seus pés no chão e sentir sua respiração, em vez de se perder em seus pensamentos? Quando falar com essa pessoa, consegue observar as pupilas, as cores e o brilho dos olhos dela?

Um minuto estando completamente presente com um ente querido tem um impacto mais profundo e duradouro em seu relacionamento do que passar um dia inteiro com ele com a mente dispersa.

COMO SE LEMBRAR DE LEMBRAR

Como você pode ver, fazer uma repetição QP para chegar a cem é fácil. A parte difícil é se lembrar de fazer isso com frequência o bastante para chegar a cem. Há duas estruturas fáceis que você pode usar para se ajudar a lembrar: 1. faça uma todas as vezes que for ao banheiro; 2. faça uma todas as vezes que observar e rotular seus Sabotadores.

1. O banheiro como lembrete

Como você está tentando estabelecer uma nova rotina, pode ajudar se você atrelar essa rotina a uma já existente. Por que não usar o banheiro como lembrete? Afinal, é uma rotina que você faz tanto em dias de trabalho quanto em fins de semana, em casa ou fora.

Independente do quanto você estiver atarefado, prometa a si mesmo que vai deixar sua mente ocupada descansar por um minuto cada vez que for ao banheiro. Você deve conseguir ver o quão absurdo seria seus Sabotadores argumentarem que você está ocupado demais para deixar a mente descansar por um minuto a cada uma hora, aproximadamente. Se fizer a si mesmo essa simples promessa, vai conseguir facilmente estabelecer uma rotina que levará às cem repetições QP por dia.

Para fazer suas repetições durante esse minuto, você pode sentir o peso do corpo sobre os pés quando se levantar da cadeira para ir ao banheiro. Sentir o tapete ou o piso sob os pés quando andar para o banheiro. Sentir a textura e a temperatura da porta do banheiro quando empurrá-la. Sentir a temperatura e a textura da torneira da pia. Ouvir a água na pia e sentir a água e a espuma na pele. Durante todo esse tempo, você se liberta dos muitos pensamentos que tentam distrai-lo.

Se você continuar completamente ciente de suas sensações físicas durante o minuto inteiro, ganha uma contagem de seis dentro de seu objetivo de cem. No entanto, você provavelmente perceberá que divagou e voltou a se concentrar, o que lhe daria uma contagem menor.

2. Os Sabotadores como lembrete

Como seu Sábio sabe, você pode transformar tudo em dádiva e oportunidade, incluindo seus Sabotadores. Como eles insistem em aparecer com frequência, você pode transformá-los em personal trainer de QP. Prometa a si mesmo que, a cada vez que pegar e rotular um Sabotador, vai fazer uma repetição QP por dez segundos. Isso vai ter dois propósitos. Você vai transformar uma visita de Sabotador em oportunidade de fortalecer seus músculos do Cérebro QP. E vai tirar um pouco de oxigênio desse Sabotador ao mudar de Cérebro Sobrevivente para QP. É uma vitória dupla para você. Que tremenda justiça poética é canalizar a energia do seu Sabotador para o futuro desaparecimento dele mesmo!

A combinação desses dois sistemas de lembrete pode facilmente levar às cem repetições por dia. Por exemplo, talvez na hora entre duas idas ao banheiro, enquanto você estava sentado na reunião da sua equipe, você tenha percebido que estava aborrecido e ansioso e tenha rotulado esses sentimentos como sendo do Crítico ou do Controlador. Você então usou cada oportunidade para levar sua atenção a sentir o ar ou o peso de seu corpo na cadeira por algumas respirações, e fez uma repetição. Vamos dizer que você tenha contado três repetições QP durante essa hora. E que conseguiu fazer quatro durante a ida ao banheiro. Você agora tem sete repetições durante uma hora. A estrutura do banheiro permite que você consiga contar e controlar durante o dia, monitorando assim seu progresso.

Certifique-se de não permitir que nenhum dos Sabotadores transforme o trabalho de contar até cem em uma tarefa que cause mais ansiedade e estresse. Sua contagem não precisa ser exata; fazer 97 repetições com halteres em vez de 103 não vai fazer grande diferença. Se você se esquecer de contar, tenha um palpite. Se passar um dia sem se lembrar de fazer repetições, não permita que o Crítico apareça e torture você por isso. Comece de novo no dia seguinte.

Seu Crítico também pode tentar convencê-lo de que você está falhando na tarefa porque não consegue parar de pensar quando quer. Na verdade, seu curso de pensamentos *não* vai sumir porque você mandou, mas não desanime. Você vai se perceber mais e menos focado em suas sensações físicas conforme faz experiências com as repetições. Isso é perfeitamente normal. Com o tempo, seu pensamento vai perder grande parte da intensidade e do volume, mas nunca vai desaparecer completamente.

Esse exercício deve ser divertido, interessante e alegre. Se não der essa sensação, você já sabe que seus Sabotadores estão tentando convencer você a parar.

A ACADEMIA QP

Fazer repetições QP durante o dia é o mesmo que levantar objetos pesados ao longo do dia; as duas práticas usam e gradualmente fortalecem seus músculos. No entanto, como qualquer atleta sabe, você pode acelerar muito o desenvolvimento dos seus músculos indo à academia todos os dias e levantando pesos cada vez maiores por um período concentrado de tempo,

O equivalente QP ao exercício na academia é tirar de cinco a 15 minutos por dia para se sentar em silêncio e fazer repetições QP intensivamente. Em uma sessão típica de 15 minutos, durante a qual você pode divagar em seus pensamentos por cerca de metade do tempo, você poderia chegar à contagem de 45 repetições bem-sucedidas (novecentos segundos divididos por dez segundos por repetição, divididos por dois). Assim, se você perceber que não está atingindo a meta de cem até o final de um dia, essa academia QP é uma maneira rápida de compensar o atraso.

21 X 100

O dr. Maxwell Maltz, cirurgião plástico, reparou que demorava 21 dias para os pacientes pararem de ter sensações-fantasma em membros amputados. Em uma pesquisa mais profunda, concluiu que levamos 21 dias para criar um novo hábito, e postulou que esse é o tempo exigido para que novos caminhos neurais se construam e os velhos se atrofiem.[25] Sim, esse processo é o que estamos chamando de fortalecer os músculos do cérebro.

O que isso significa é que você precisa se prometer que vai fazer cem repetições QP por dia por 21 dias consecutivos. Quando chegar ao 21º dia, isso terá se tornado um alegre novo hábito e você vai se perguntar como conseguia viver sem ele.

A Figura 14, a seguir, é uma amostra de tabela criada por Nancy, diretora de operações de uma empresa no Vale do Silício, para um dia de atividade. Poucas pessoas são tão metódicas no registro das repetições QP, e você não precisa criar um registro escrito do exercício. Compartilho essa tabela para dar a você uma ideia de como pode ser um dia típico de prática de repetições QP.

INTELIGÊNCIA POSITIVA

Sua atividade pode ser bem diferente da de Nancy. Você pode preferir contar por escrito como Nancy, ou pode preferir registrar de memória em um número aproximado. Você pode conseguir uma quantidade maior ao observar e rotular seus Sabotadores e fazendo uma repetição depois de cada evento. Ou pode preferir ter metade da quantidade ao se comprometer com o exercício de academia de 15 minutos. Ou pode conseguir boa parte das suas repetições ao fazer sua atividade física na esteira com mais atenção, ou ao passar 15 minutos comendo com atenção. Muitas dessas atividades vão gerar grande relaxamento e até alegria enquanto fortalecem os músculos do seu Cérebro QP.

Fig. 14   Tabela de repetições QP de Nancy

Hora	Atividade	Nº de repetições
6h às 7h	Deitada na cama. Atenção ao peso da cabeça no travesseiro. Sensação do edredom.	2
	Identifiquei e rotulei o Crítico contra mim mesma. Mudei o foco para três respirações profundas.	1
	Escovei os dentes de olhos fechados para reparar em todos os sons envolvidos. Fascinante!	1
7h às 8h	Esteira. Fechei os olhos por 5 minutos e ouvi todos os sons.	2
	Mudei a atenção para a sensação de queimação nos músculos da panturrilha. A sensação mudou e a dor foi embora em dois minutos. Legal!	2
8h às 9h	Cheiro de café. Xícara quente na mão.	2
	Dirigindo para o trabalho. Sensação do traseiro no banco.	1
	Identifiquei o Insistente. Passei a me concentrar na xícara de café na mão.	1
9h às 10h	Esqueci. Envolvida com e-mails.	0
10h às 11h	Percebi sensação de ansiedade. Passei a reparar na sensação de ansiedade como uma contração dos ombros.	3
11h às 12h	Banheiro. Calor da água na mão. Som da água.	1
	Identifiquei o Crítico contra Jack. Desviei para a sensação dos pés no chão.	1
12h às 13h	Alguns minutos comendo com atenção. A comida estava bem mais gostosa.	5
13h às 14h	Fiz uma atividade de academia QP de 5 minutos. Divaguei quase metade do tempo.	15
14h às 15h	Esqueci. Me deixei levar e fiquei zangada com Tom em uma reunião.	0
15h às 16h	O banheiro me lembrou de novo de fazer repetições.	3
	Peguei pensamentos contínuos do Crítico contra Tom. Passei a reparar no peso dos pés no chão.	2
16h às 17h	Peguei pensamentos contínuos do Crítico contra Tom e percebi raiva. Desviei a atenção para identificar as sensações de raiva como rigidez na testa e nos ombros.	3

Hora	Atividade	Nº de repetições
17h às 18h	Esqueci. Me deixei levar por várias atividades.	0
18h às 19h	Peguei o Crítico irritado com o tráfego. Passei a respirar fundo. Peguei o Crítico de novo. Passei a ouvir com atenção a bateria da música no rádio.	1 3
19h às 20h	Abracei Joe com atenção. Senti a respiração e os batimentos dele. Peguei o Insistente aborrecido pelo fato de a cozinha estar um pouco fora da ordem perfeita. Me concentrei na sensação dos meus dentes apertados e ombros tensos.	1 1
20h às 21h	Comi algumas garfadas de olhos fechados. Fiquei fascinada pelos sons e músculos da boca durante a mastigação. O gosto estava bem melhor. Peguei o Insistente tentando dizer a Frank o "jeito certo" de fazer uma coisa. Passei a me concentrar no meu traseiro sobre o assento.	3 1
21h às 22h	Levei Spot para uma caminhada para chegar aos cem. Senti a brisa no rosto e ouvi todos os sons enquanto caminhava. Senti os músculos dos pés e das pernas metade do tempo. Divaguei um pouco.	40
22h às 23h	Banheiro e escovei os dentes com atenção.	7
	Total de repetições	102

TAMANHO DOS MÚSCULOS VERSUS TAMANHO DO DESAFIO

Conforme seus músculos do cérebro QP forem ficando mais fortes, você vai conseguir lidar com problemas maiores na vida sem ser controlado por seus Sabotadores. Que tamanho um problema precisa ter para que você seja controlado por seu Crítico ou pelo Sabotador cúmplice? As pequenas coisas perturbam você ou só as grandes? A resposta depende da força dos músculos do seu cérebro QP, que também se correlaciona com a força do seu Sábio.

Para ilustrar, vamos dizer que você tenha músculos QP de força mediana. Vamos dizer que isso signifique que seus músculos QP sejam fortes o bastante para levantar "pesos" de 15 quilos ou menos, falando metaforicamente. Em outras palavras, você permanece centrado, tranquilo e no modo Sábio enquanto os desafios que caem sobre você têm 15 quilos ou menos. Vamos dizer que desafios como encarar um engarrafamento, receber recados de um cliente zangado e difícil ou ser rejeitado por um pequeno possível cliente pesam 15 quilos ou menos. Isso significa que você conseguiria se recuperar rapidamente de uma tentativa inicial de controle por um Sabotador em resposta a esses desafios, se reestruturar e lidar com eles com sua perspectiva do Sábio. Você se recuperaria do aborrecimento rapidamente ao fazer algumas repetições QP para ativar seu cérebro QP.

Talvez descobrir que seu carro novo e caro foi destruído por um motorista que fugiu seja mais pesado do que 15 quilos. Talvez ser rejeitado por um grande cliente em potencial que poderia virar o jogo depois de você trabalhar na conta dele por seis meses seja mais pesado. Talvez ser criticado publicamente por seu chefe por um erro grave seja mais pesado do que 15 quilos também. Só você sabe que desafio é pesado demais para seus atuais músculos QP.

Você vai saber quando um desafio é pesado demais para seus músculos QP quando perceber que está tendo dificuldade em se recuperar do ataque de um Sabotador. Durante esse tempo, você vai reparar que está aborrecido ou angustiado ou zangado ou decepcionado ou culpado ou qualquer uma das variedades de sentimento Sabotador que discutimos. Mesmo algumas repetições QP podem não dar alívio. Você pode se concentrar temporariamente na sensação física das suas costas contra a cadeira, ou seus pés no chão, ou sua respiração, mas logo vai voltar para os sentimentos de raiva ou angústia.

Se o peso sobre suas costas for muito maior do que a força dos seus músculos QP, você pode ficar tão dominado pelos Sabotadores que nem consegue se observar no meio do desafio. Você pode simplesmente ser levado pela montanha-russa do drama, preso em modo de reação com força total. Você nem vai se lembrar de rotular seus Sabotadores nem de fazer repetições QP.

A vida vai sempre jogar desafios pesados nas suas costas. A paz duradoura é questão de desenvolver os músculos do Cérebro QP a um ponto de screm fortes o bastante para lidar com qualquer situação. Quando esse nível é atingido, conseguimos permanecer no modo Sábio quando encaramos qualquer desafio; conseguimos sentir paz, curiosidade, alegria, compaixão ou qualquer outro sentimento do Sábio, em vez de aflição, decepção, arrependimento, ansiedade ou raiva. Com a perspectiva e os poderes do Sábio, temos confiança de conseguir escolher transformar ativamente qualquer situação em dádiva ou simplesmente aceitá-la e deixá-la de lado.

AS REPETIÇÕES QP NO TRABALHO

Vamos considerar outro exemplo de repetições QP no trabalho. Digamos que você está dirigindo para o trabalho e de repente pensa: *Acho que vou fazer besteira na reunião e acabar arrumando problemas.* Como você estudou as características do seu Crítico, imediatamente reconhece isso como pensamento dele. Você o rotula, pensando: *Eis o Crítico.* Identificar seu Crítico lembra você de fazer algumas repetições. Assim, você dirige sua atenção para suas sensações físicas nas próximas respirações. Você sente o peso do seu corpo sobre o banco durante algumas respirações. São duas repetições. Em seguida, você sente a textura e a temperatura do couro do volante durante algumas respirações. Outra repetição. Em seguida, você opta por ouvir o ar soprando pela janela do carro e o som do motor e dos pneus no asfalto. São mais duas repetições. Por cerca de dez segundos, você sente o ligeiro balanço do carro quando se ajusta à superfície da rua. Outra repetição. Mas então você se distrai de novo e divaga em pensamento, e não faz mais nenhuma repetição.

Você chega ao trabalho e a reunião vai mesmo muito mal. Durante ela, você se deixa levar pelo drama e não consegue se observar nenhuma vez e nem fazer repetições. Você tem pouco acesso ao seu Sábio. Você sai da reunião e se perde em pensamentos e sentimentos gerados por ela. No geral, está aborrecido.

Você volta para o escritório sentindo ressentimento pelo seu chefe e pensando que ele foi desonesto de novo. Você sente pena de si mesmo. De repente, se lembra de que todos os seus sentimentos de aborrecimento são gerados pelos Sabotadores. Você lembra que sentir ressentimento e pena de si mesmo é parte do padrão da Vítima. Você rotula isso e diz para si mesmo: *Ah, aqui está minha Vítima de novo.* Isso ajuda você a se libertar desses sentimentos temporariamente e fazer um pouco de trabalho. Você se esquece de usar a visão do seu Sabotador como lembrete para fazer repetições.

Depois, você sente vontade de ir ao banheiro e lembra que prometeu a si mesmo fazer algumas repetições cada vez que fosse. Você repara na sensação do tapete sob seus pés quando anda até o lavatório. Repara no calor da água nas mãos quando as lava. Repara no som da água. Repara na textura das toalhas de papel quando seca as mãos. Fica ciente de suas sensações físicas durante quase meio minuto antes de divagar nos pensamentos em disparada. Assim, você decide contar metade das repetições possíveis em um minuto: três.

Essa mudança de foco acalma um pouco porque ativou seu Cérebro QP de leve. Mas esse desafio é mais pesado do que a força dos seus músculos QP e seu Sábio, então sua calma é temporária e some rapidamente. Você perde o controle de novo. Quando volta à sua mesa, você repara que sente ressentimento e autopiedade de novo. Você rotula isso como sua Vítima. Identificar seu Sabotador lembra você de fazer uma repetição. Durante três respirações, você sente seu traseiro no assento e o peso das mãos na mesa. Você faz mais uma contagem para alcançar cem.

Depois, você esquece tudo e se envolve em um telefonema. Meia hora depois, identifica pensamentos e sentimentos de Vítima de novo e repete o processo. Como a Vítima insiste em voltar uma vez atrás da outra, você usa cada retorno como sinal para redirecionar sua atenção para suas sensações físicas e conta algumas repetições. Você faz muitos exercícios nesse dia, pois transforma sua persistente Vítima Sabotadora em personal trainer do Cérebro QP.

Depois de alguns meses de treino, você percebe que está ansioso para a apresentação ao cliente que se aproxima. Você ouve a voz do Crítico dizendo que vai fazer besteira. Repara que, sem esforço consciente da sua parte, a voz está bem menos poderosa do que era antes; nem incomoda você. O volume dela caiu de um gritante cem para um bem mais gerenciável 25.

Na reunião, sua apresentação vai bem, mas o cliente joga uma bomba de más notícias sobre uma grande aquisição que pode resultar na perda dele. Quando você ouve e reage à notícia, ri internamente e pensa: *Uau, olha só. Você está recebendo as más notícias com tanto equilíbrio. Alguns meses atrás, você teria perdido a cabeça!* Você ri de novo.

Você começa a reparar em outras ocasiões que lida automaticamente com situações com uma parte de você (o Sábio) que fica acima da confusão e mantém tudo centrado. Isso acontece automaticamente quando seus músculos QP atingem um certo nível de força. Só é preciso de um pouco de prática.

MEU PRÓPRIO EXERCÍCIO

Percorri um longo caminho desde olhar para aquela câmera com tristeza e resignação quando criança. Com trinta e poucos anos, eu já tinha descoberto o poderoso Crítico e o Hiper-Racional como meus Sabotadores, meus velhos amigos invisíveis de sobrevivência, e os reconheci como meus maiores obstáculos ao sucesso e felicidade plena. Ao seguir as práticas que delineei, consegui transformar os dois Sabotadores em personal trainers QP. Cada vez que eu reparava que estavam surgindo, ficava motivado a fazer algumas repetições para fortalecer os músculos que os neutralizaria. Atualmente, ainda ouço as vozes dos dois na minha cabeça. As mensagens ainda são as mesmas, mas mal consigo escutá-los. Os sussurros deles não conseguem mais esconder a voz do meu Sábio.

Ao mesmo tempo, a voz do meu Sábio aumentou substancialmente em volume e força. Dependendo da intensidade da coisa "ruim" acontecendo no meu trabalho ou na minha vida pessoal, ainda sou ocasionalmente controlado por meus Sabotadores. No entanto, bem poucas coisas me derrubam por mais de alguns minutos antes de eu me recuperar e voltar ao modo Sábio. Ainda exercito meus músculos do Cérebro QP, pois estou tão comprometido em mantê-los fortes quanto estou em alcançar a boa forma física. Esses exercícios são intensamente prazerosos agora e algo que espero com ansiedade. Eu não sonharia em deixar meus músculos do Cérebro QP ficarem flácidos novamente.

De forma alguma, não deixe que seus Sabotadores convençam você de que está ocupado demais para exercitar seus músculos do Cérebro QP. Você pode conseguir suas cem repetições todas apenas ficando mais atento ao que já está fazendo ao longo do dia. Desconfie de seus Sabotadores dizendo para você que é trabalho demais e que uma maneira mais rápida de aumentar a felicidade e o sucesso é se concentrando em fatores, circunstâncias e realizações externas. Essas coisas desaparecem com o tempo. Não há substituto para tirar o poder dos seus Sabotadores e passar para seu Sábio e para aumentar a força dos seus músculos QP. Sem essa mudança, você constrói muitos dos seus complexos castelos sobre areia movediça.

Nunca trabalhei com ninguém que tenha feito cem repetições QP consistentemente por 21 dias consecutivos sem experimentar melhorias substanciais e frequentemente revolucionárias na vida. Pelo seu bem e pelo bem dos seus colegas, da sua equipe e dos seus entes queridos, espero que você decida fazer o mesmo.

> *Para refletir*
>
> Você está disposto a prometer a si mesmo fazer cem repetições QP todos os dias? Se sim, o que seus Sabotadores podem tentar dizer para você nos próximos dias para convencê-lo a desistir?

PARTE V
COMO MEDIR SEU PROGRESSO

Na Parte V, você vai aprender como pontuações QP individuais e de equipe são calculadas para medir a Inteligência Positiva. Isso vai permitir que você meça seu progresso enquanto usa as três estratégias para aumentar a Inteligência Positiva em você ou em sua equipe.

CAPÍTULO 8

PONTUAÇÃO QP E VÓRTICE QP

Neste capítulo, vamos explorar como a pontuação QP tanto para indivíduos para equipes é calculada e vamos discutir o que significa em aplicações práticas. Também vamos explorar a pontuação de virada para o QP. Estar acima ou abaixo desse ponto de virada determina se você e sua equipe se sentem constantemente puxados para baixo ou impulsionados por um vórtice energético invisível.

As medidas são uma parte importante de criar e manter uma mudança positiva. Se você faz exercícios, se sente encorajado ao ver progresso em quilômetros corridos, calorias queimadas, no peso erguido nos halteres. Quando você faz dieta, controla seu peso na balança. Durante a prática QP, você controla seu progresso nas cem repetições QP e mede sua pontuação QP.

Como descrito no Capítulo 1, seu Quociente de Inteligência Positiva (QP) é sua pontuação de Inteligência Positiva expresso em percentual, que vai de zero a cem. Na prática, seu QP é a porcentagem de tempo em que sua mente age a seu favor em vez de contra (age como sua amiga em vez de como inimiga).

Por exemplo, um QP de 75 significa que sua mente age como sua amiga 75% do tempo e como sua inimiga 25% do tempo. Não contamos o tempo em que a mente está em território neutro. A questão é: como você mede se sua mente está sendo sua melhor amiga ou sua pior inimiga?

Como discutimos previamente, uma premissa fundamental da Inteligência Positiva é que *todos* os seus sentimentos negativos, destrutivos ou desagradáveis são gerados por seus Sabotadores, independente das circunstâncias. Cada grama de energia desperdiçada em ansiedade, estresse, raiva, frustração, dúvida de si mesmo, impaciência, desespero, arrependimento, ressentimento, inquietação, culpa e vergonha é uma escolha feita pelos Sabotadores em sua mente. Mas cada desafio pode ser encarado pelo Sábio, por sua perspectiva e seus cinco poderes. A perspectiva e os poderes do Sábio só geram sentimentos positivos.

O modo mais rápido de detectar se sua mente está agindo como amiga (Sábio) ou inimiga (Sabotador) é reparando nos sentimentos que você está vivenciando. O QP é medido pelo cálculo da porcentagem de sentimentos gerados pelo Sábio contra sentimentos gerados pelo Sabotador ao longo de um dia típico. Você pode fazer o teste QP confidencial de dois minutos no site http://www.objetiva.com.br/testeinteligenciapositiva. Com a compreensão de que você tem dias bons e dias ruins, sua pontuação QP é calculada durante um período "típico" de tempo em seu trabalho e sua vida. Por exemplo, sua pontuação durante as férias no Havaí pode não ser uma leitura precisa de seu QP. Você pode repetir o teste QP para ter uma medição acurada que não seja influenciada pelas variações causadas por seus dias atípicos.

Você pode determinar o QP de uma equipe com um método similar, só que os membros da equipe relatam os sentimentos que costumam ter quando interagem com outros membros. O mesmo vale para pontuações QP de organizações inteiras, de relacionamentos e até de casamentos. A pontuação QP é um indicador-chave de quanto do verdadeiro potencial de um indivíduo, equipe, parceria ou casamento é realmente alcançado.

IMPACTO DO QP NA FELICIDADE

Se definirmos felicidade pelo percentual de tempo em que vivenciamos os sentimentos positivos e valiosos da vida, sua pontuação QP se torna sua pontuação de felicidade. Por sentimentos positivos e valiosos, estamos falando de todos os gerados no modo Sábio. No modo de empatia do Sábio, esses sentimentos incluiriam compaixão, empatia e perdão. No modo de exploração, incluiriam curiosidade, reverência e assombro. No modo de inovação, você sentiria as grandes alegrias da criatividade. No modo de navegação, você se sentiria com os pés no chão e centrado em seus valores mais profundos, seus significados e seus propósitos. E no modo de ativação, você sentiria o poder silencioso, a resolução e a satisfação de tomar uma ação pura sem o drama e a interferência do Sabotador.

Você só precisa saber a pontuação QP de uma pessoa para afirmar o quanto ela é feliz. Podemos dizer imediatamente que um bilionário saudável com pontuação QP de 50 é bem menos feliz do que um paraplégico de classe média com pontuação QP de 80. Você não precisaria saber de mais nada sobre as circunstâncias das vidas deles para fazer essa comparação.

Isso explica por que os pesquisadores mostraram que eventos externos, como ganhar muito dinheiro na loteria ou ficar paraplégico em um acidente, têm impacto de pouca duração na felicidade, em média. Dentro de um período relativamente curto de tempo, a felicidade costuma reverter para o que os pesquisadores chamam de níveis de "felicidade de referência" que existia antes desses eventos.[26] Outros pesquisadores, em uma pequena variação desse tema, descobriram que circunstâncias externas só acarretam 10% de variações na felicidade.[27] A felicidade é mesmo uma questão interna.

IMPACTO DO QP EM REALIZAÇÕES

O relacionamento entre desempenho e QP também é bastante direto. O QP determina quanto do seu verdadeiro potencial é alcançado, como descrito na seguinte fórmula:

Realização = Potencial x QP

Seu potencial é determinado por muitos fatores, incluindo sua inteligência cognitiva (QI), sua inteligência emocional (QE), suas habilidades, seus conhecimentos, sua experiência, seus contatos, e assim por diante.

Essa fórmula baseada em bom-senso não pretende gerar cálculos científicos precisos e não incorpora a dinâmica do ponto de virada discutida mais adiante neste capítulo. Ela apenas pretende ilustrar o relacionamento geral entre potencial, realizações e QP. Em níveis mais altos de QP, a maior parte da energia é canalizada pelos cinco poderes do Sábio e se concentra em criar os resultados que você deseja. Em níveis mais baixos de QP, parte de sua energia é usada para sabotar seus esforços, ou pelo menos é desperdiçada em todo o atrito, drama e distração associados aos Sabotadores.

Essa fórmula confirma o que já sabemos: a maior parte das pessoas tem bem mais potencial do que utiliza. Só 20% dos indivíduos e equipes têm pontuações QP compatíveis com o alcance da maior parte do verdadeiro potencial. A maneira mais rápida e eficiente de aumentar as realizações e o desempenho é aumentando o QP, não o potencial. O motivo disso é que parte de seu potencial, como seu QI, é fixa, e o resto do seu potencial é construído ao longo de muitos anos adquirindo habilidades, conhecimento, experiências e redes de apoio. Seu potencial já é alto e significativamente não utilizado. Investir em ainda mais habilidades, conhecimento e experiência vai acrescentar cada vez mais ao seu potencial, mas não consideravelmente em um curto período de tempo. Por outro lado, o QP pode ser aumentado de maneira significativa em apenas algumas semanas ou meses.

Para ilustrar, imagine-se em uma praia. Você entrou em uma competição de construir o máximo de castelos de areia em poucas horas. Agora imagine que, a cada meia hora, uma onda (um Sabotador) surja e destrua metade do que você construiu. Se você quer melhorar seu desempenho, pode investir seu tempo em um workshop que ensine como construir castelos de areia mais rápido, o que aumenta seu potencial de construção. Isso resultaria em um desempenho melhor. Uma alternativa seria passar parte do tempo construindo um muro de areia que impedisse as ondas de sabotarem seus castelos a cada meia hora. (Isso seria o equivalente de construir sua "parede" QP para se proteger dos Sabotadores.) Adivinhe que método resultaria em melhorias mais dramáticas em seu desempenho final e no resultado?

O PONTO DE VIRADA QP: 75

No Capítulo 1, citei muitos estudos de pesquisa que mostraram a ligação entre QP e felicidade e desempenho de indivíduos e equipes. Agora, vamos olhar para a evidência de alguns dos pesquisadores mais proeminentes do campo que aponta para a existência de um ponto de virada importante para o QP.

Repare que diferentes pesquisadores usaram métodos distintos para medir e registrar a positividade e a negatividade, embora os resultados sejam altamente consistentes. Além disso, esses pesquisadores tipicamente relataram seus resultados como uma relação entre positivo e negativo, como 3:1. Tomei a liberdade de apresentar essas relações como percentuais, para permanecer consistente com o formato QP. Por exemplo, traduzi uma relação positivo/negativo de 3/1 em um equivalente QP de 75 (três positivos para um negativo significa positividade em 75% do tempo).

Em um dos projetos de pesquisa mais completos e impressionantes nesse campo, Marcial Losada estudou sessenta equipes de gerenciamento, observando de perto as interações entre seus vários membros. As equipes foram coloca-

INTELIGÊNCIA POSITIVA

das em categorias de Baixo Desempenho, Desempenho Mediano e Alto Desempenho com base em dados objetivos que incluíam lucro e pontuações de satisfação de clientes. Apesar de outras dimensões também serem medidas e comparadas, a relação entre positivo e negativo acabou sendo o diferenciador mais dramático nas três categorias de desempenho (ver Figura 15).

Fig. 15 Pontuação QP equivalente das equipes

EQUIPES	PONTUAÇÃO QP EQUIVALENTE
Baixo Desempenho	29
Desempenho Mediano	66
Alto Desempenho	85

O mais impressionante é o modelo matemático com que Losada contribuiu para esse campo de pesquisa. Seu modelo mostrou que esses sistemas humanos obedecem a uma dinâmica não linear. Isso significa que, no ponto de virada, o sistema muda para ciclos de expansão ou contração que se espiralam em si mesmos e criam impactos desproporcionais. Em uma pontuação QP equivalente de aproximadamente 75 (74,4, para ser preciso), o sistema passa de uma sequência incorporada e que reforça a si mesma com tendência à "inércia" para uma sequência com tendência ao "florescimento".[28]

Igualmente impressionante é o trabalho de Barbara Fredrickson. Depois de conquistar seu ph.D. em Stanford, ela emergiu como pesquisadora de ponta em seu campo e ganhou o prêmio Templeton inaugural da Associação Psicológica Americana em Psicologia Positiva. Em colaboração com Losada, Fredrickson se dedicou a confirmar que o ponto de virada matematicamente produzido de Losada, que era originalmente identificado para equipes, também era verdadeiro para indivíduos. Fredrickson estudou indivíduos que eram graduados independentemente como "florescentes" ou "inertes". O florescimento era determinado pela medida de 33 fatores.

Os resultados de Fredrickson, quando feita a média entre duas populações que ela estudou, se traduziram em pontuações QP equivalentes de 77 para indivíduos florescentes contra 69 para os inertes, o que validou o ponto de virada de 75.[29] O mais impressionante é que a avaliação de Fredrickson sugere que cerca de 80% dos indivíduos têm pontuação abaixo do ponto de virada.

Talvez a pesquisa mais divulgada sobre esses relacionamentos entre positivo e negativo seja a de John Gottman sobre casamento, abordada no livro *Blink — A Decisão num Piscar de Olhos*, de Malcolm Gladwell.[30] Ele consegue prever com sucesso, com mais de 90% de precisão, se recém-casados vão continuar casados ou se divorciarão entre quatro e seis anos depois. Ele identificou uma pontuação QP equivalente média de 82 para casamentos "florescentes" e 41 para casamentos fadados à dissolução. Os resultados de Gottman são consistentes com o ponto de virada.

Robert Schwartz, um psicólogo clínico, forneceu mais validação. Seu modelo matemático, confirmado com sucesso no trabalho com pacientes, indicou o estado mental "ideal" como sendo ligeiramente acima do ponto de virada, e estados "normais" (médios) e "patológicos" como estando abaixo.[31]

O impressionante é que, apesar de usarem modos diferentes para medir as relações entre positivo e negativo, esses pesquisadores fizeram descobertas consistentes. Barbara Fredrickson fornece um resumo excelente da pesquisa que valida o fenômeno do ponto de virada em seu livro pioneiro *Positividade: Descubra a Força das Emoções Positivas, Supere a Negatividade e Viva Plenamente.*

O VÓRTICE QP

Meu próprio trabalho com indivíduos e com equipes tem sido consistente com o ponto de virada QP de 75. Gosto da metáfora de um vórtice para descrever o fenômeno energético em cada lado desse ponto de virada. Abaixo de um QP de 75, um indivíduo ou uma equipe é constantemente arrastado para baixo pelas forças invisíveis de um vórtice negativo. Acima de um QP de 75, um indivíduo ou uma equipe é constantemente empurrado por um vórtice positivo. Em um indivíduo, esses vórtices são vivenciados dentro do cérebro. No caso de uma equipe, o vórtice é vivenciado nas interações entre seus membros. A Figura 16 é uma representação gráfica dos vórtices.

Você conhece pessoas que têm um vórtice de negatividade tão intenso ao redor de si que você precisa se esforçar para resistir e não ser arrastado para baixo quando está com elas? Já fez parte de uma equipe cujas reuniões fazem você se sentir para baixo, ansioso, envergonhado, desconfiado ou na defensiva assim que entra pela porta? Consegue se lembrar de algum período de tempo em que a força negativa dos seus pensamentos era tão poderosa que chegava a ser exaustiva e você não sabia como fazê-la parar?

Fig. 16 O vórtice QP

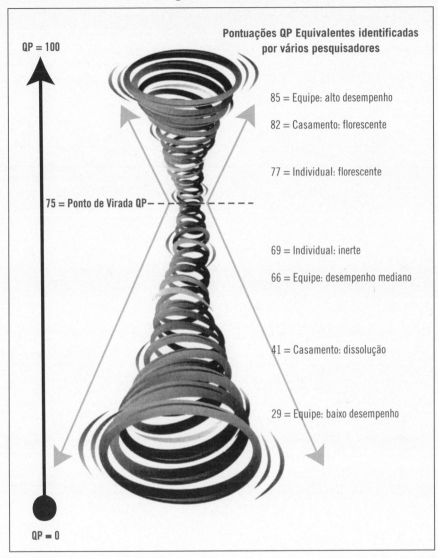

Do mesmo modo, você já entrou em uma sala em que a energia era tão positiva e edificante que você imediatamente se sentiu melhor, mais esperançoso e mais energizado? Consegue pensar em alguém que tem um vórtice de positividade tão forte ao redor de si que seu humor melhora imediatamente quando você chega perto? Já conheceu um líder em cuja presença você se sente maior e mais autoconfiante, independentemente de ele ou ela estar se dirigindo a você? Consegue se lembrar de quando sua mente estava em um fluxo tal que você encarou todos os desafios e obstáculos como um jogo divertido ou uma oportunidade? Todos esses efeitos são resultado do vórtice QP invisível que cada indivíduo ou equipe exibe em determinados momentos. Esse vórtice afeta seu nível de energia, seu humor e sua perspectiva, em geral sem você perceber.

Quando você está no vórtice negativo, vai ser preciso um investimento constante de energia para manter a cabeça acima do nível da água e segurar as pontas. No vórtice positivo, você se sente naturalmente estimulado, sem muito esforço, como se estivesse voando com o vento a favor. Se você fica preso em um vórtice negativo — se o vento estiver contra —, você ainda pode chegar ao seu destino, mas terá usado muito mais combustível e demorado mais. Se seu QP pessoal ou o da sua equipe está abaixo de 75, você está desperdiçando muita energia lidando com aflições — energia que podia estar sendo usada para obter resultados.

Só 20% das pessoas pontuam acima de 75 no QP, e é por isso que apenas 20% dos indivíduos e das equipes alcançam seu verdadeiro potencial.

O QUE CAUSA O VÓRTICE QP?

Por que o vórtice QP existe? Por que esse efeito não linear e descontínuo aparece nos dados de tantos pesquisadores diferentes? A resposta difere, dependendo se um vórtice QP está acontecendo dentro da cabeça de um indivíduo ou dentro de uma equipe. Vamos ver a diferença.

O vórtice QP individual

O motivo de o vórtice QP acontecer no cérebro de um indivíduo tem dois lados. Primeiro, o modo como o cérebro humano funciona faz com que as modalidades negativa e positiva do cérebro espiralem sobre si mesmas. Segundo, como vimos em capítulos anteriores, tanto a modalidade negativa quanto a positiva do cérebro se tornam profecias autorrealizáveis no mundo externo. Elas geram resultados que reforçam a modalidade inicial negativa ou positiva que os produziu. Isso também reforça o vórtice em espiral.

O cérebro humano está programado para desempenhar duas funções primárias: sobreviver e se desenvolver. No modo de sobrevivência, seu Cérebro Sobrevivente toma o controle, procurando antes de tudo o negativo e os perigos para sua sobrevivência física e emocional. No modo de desenvolvimento, o Cérebro QP procura oportunidades para crescer, descobrir, explorar, criar, sentir assombro e apreciação e chegar a seu potencial total.

Quando o QP é de 75 ou acima, o cérebro QP está no controle e o Cérebro Sobrevivente está fazendo seu trabalho ao fundo. Os padrões de pensamento do Sábio se agigantam no modo de desenvolvimento e os Sabotadores vão para o banco de trás. Quando o QP fica abaixo de 75, a situação se inverte.

Quando mudamos para o modo de sobrevivência ou de desenvolvimento, múltiplas regiões do cérebro são ativadas, e elas se espiralam em si mesmas e formam uma bola de neve, o que causa o efeito vórtice. Por exemplo, a amídala cerebelosa está envolvida em nos fazer sentir em segurança ou em perigo. Quando ela determina que há um perigo real, o cérebro passa para o modo de sobrevivência. Isso resulta em uma cascata de eventos neuroquímicos, incluindo a liberação do hormônio do estresse cortisol. Poucas pessoas percebem que, quando você entra no modo lutar ou fugir, a mente (e não só o corpo) se concentra em poucas coisas. Ela começa a procurar seletivamente os sinais negativos de perigo enquanto ignora os sinais positivos de oportunidade.

Quando estamos no modo de sobrevivência, o desenvolvimento vai para o banco de trás. Embora muitas oportunidades possam surgir para uma mudança para o modo positivo de desenvolvimento, o cérebro com seu foco limitado é incapaz de registrar e se aproveitar delas; isso é parte do que mantém o vórtice negativo em andamento. A negatividade, portanto, é um mecanismo que reforça a si mesmo e leva à própria realização dentro do cérebro. Quando você entra nele, sente a força do vórtice querendo que você fique lá dentro.

A boa notícia é que a positividade também é autorrealizável e reforça a si mesma. As emoções positivas banham nosso cérebro em serotonina e dopamina. Essas substâncias químicas têm efeitos múltiplos. Elas nos fazem sentir bem. Energizam os centros de aprendizagem do nosso cérebro, o que nos ajuda a organizar, armazenar e resgatar informações novas. Facilitam o acontecimento e a manutenção de conexões neurais sinápticas, que por sua vez nos ajudam a pensar mais rapidamente, a ser mais adeptos de soluções mais complexas e amplas de problemas e geram mais possibilidades criativas inovadoras. Todas essas são tendências do Sábio. Quando estamos no vórtice positivo, sentimos um puxão edificante para permanecermos nele.

O vórtice QP de equipe

Uma equipe cujo QP fica abaixo de 75 também está presa em um vórtice negativo. Um fator-chave no funcionamento desse vórtice é o sistema de neurônios-espelho do cérebro. Eles cuidam para que ajamos como diapasões um para o outro, inconsciente e automaticamente imitando os outros cérebros ao nosso redor. A manifestação mais visível disso é que bocejamos quando outro boceja, ou nos encolhemos quando vemos outra pessoa sentindo dor física. A manifestação menos visível é que a energia, o humor e até mesmo os níveis QP podem ser contagiosos. Por exemplo, é mais provável que seus Sabotadores surjam com tudo se alguém aborda você com o Crítico no comando.

Vamos dizer que Jane tenha QP moderado de 70, mas John tenha QP baixo de 30. A pergunta é: quem guiaria quem durante uma interação entre os dois? Será que eles achariam um meio-termo e cada um exibiria QP de 50? Será que Jane elevaria John até 60, ou que John afundaria Jane até um comportamento de QP bem baixo?

Há dois fatores que ajudam a determinar a resposta. Um é o status relativo e o poder de cada indivíduo. Se Jane for chefe de John, há mais chance de ele ser puxado para cima por ela do que ela ser puxada para baixo por ele. Outro fator é o que chamo de "raio do vórtice". Isso é análogo à força de personalidade de uma pessoa. O vórtice de algumas pessoas, seja positivo ou negativo, tem um raio pequeno e não afeta muito os outros. Outras pessoas têm um raio de vórtice maior. Todos nós conhecemos pessoas cujo vórtice consegue sufocar a energia de qualquer ambiente em que entram. Por outro lado, também conhecemos pessoas cujo vórtice positivo tem um raio tão grande que ilumina uma quadra inteira em qualquer lugar para onde forem.

Em uma equipe composta de pessoas com várias pontuações QP e raios de vórtice QP, o grupo acaba tendo um QP coletivo, como uma sala cheia de relógios que acabam tiquetaqueando em sintonia. Nossos neurônios-espelho são responsáveis por esse efeito contagioso.

Um líder ou membro de equipe incrível sabe mudar o QP coletivo para acima de 75, de forma que cada indivíduo dentro da equipe seja elevado por ele. Cada indivíduo tem chance de exibir um comportamento QP maior do que teria sozinho. Isso é o que significa quando dizemos que alguém "desperta o melhor" nos outros. Se Peter tem QP de 60, ele pode ter menos tendências de Sabotadores e um Sábio mais forte quando interage com uma equipe de QP maior. Quando for para casa, vai voltar ao QP de 60 em interações com a família. Conheço pessoas tão estimuladas pela dinâmica de QP alto com a equipe que acham a vida profissional bem mais satisfatória do que a pessoal. Elas se sentem melhor consigo mesmas e veem uma melhor versão de si dentro da equipe em comparação a quando estão sozinhos.

Se você é membro de uma equipe, pergunte o seguinte a si mesmo: você costuma se sentir energizado ou drenado quando interage com sua equipe? Você pode se fazer a mesma pergunta em relação ao seu casamento ou relacionamento com seus filhos e seus pais.

POR QUE 75 E NÃO 50?

Você pode estar se perguntando: *Por que um QP acima de 50 não é o adequado para iniciar um vórtice QP positivo?* No QP de 50, há um negativo para cada positivo, ao passo que no QP de 75 há três positivos para cada negativo. Por que precisamos desses três positivos para contrabalançar cada negativo? O motivo é que o cérebro é orientado para a sobrevivência, e o Cérebro Sobrevivente está preparado para se agarrar ao negativo e amplificá-lo enquanto ignora ou desconta o positivo. Afinal, perigos para nossa sobrevivência são coisas negativas, não positivas. A não ser que você neutralize cada negativo dentro de seu próprio cérebro, de sua equipe ou de seus relacionamentos com três positivos, você sentirá o puxão para baixo do vórtice negativo.

O LIMITE MÁXIMO DO QP

O modelo matemático de Marcial Losada descobriu um limite máximo para a positividade equivalente à pontuação QP de 92. Minha interpretação dessa descoberta é que um nível mínimo de negatividade é inevitável e, na verdade, até útil. Quero enfatizar a palavra *mínimo*, para que não demos aos Sabotadores a desculpa de que precisam para voltar a nos convencer de que são nossos amigos. Se usarmos a analogia do corpo físico, diríamos que, apesar de devermos almejar evitar a dor, é crítico que nosso corpo seja capaz de senti-la. Por exemplo, se você encosta no forno quente, sente uma dor temporária. Essa dor é um sinal crítico de que você precisa tirar a mão dali. Se você não sentisse essa dor, sua mão poderia ficar queimada severamente antes de você perceber que precisava tirá-la dali.

É inevitável que você tenha ansiedade, raiva, vergonha, culpa, decepção e muitos outros sentimentos negativos às vezes. Esses sentimentos o despertam e dizem que você precisa prestar atenção. O problema com os Sabotadores é que eles querem que você continue se sentindo assim. Eles querem que fique com a mão no forno, que continue sentindo a raiva, a culpa, a decepção, a ansiedade. Em vez disso, precisamos aprender a mudar para o modo do Sábio logo depois que a dor chama nossa atenção, levando nossos sentimentos para território positivo. A necessidade dessa quantidade mínima de sentimentos negativos é o motivo de eu acreditar que o QP tem um limite máximo.

O CANAL QP

Se você está assistindo ao canal 4 na TV, o programa transmitido no canal 5 está invisível para você, mas fica visível assim que você muda de canal. De maneira similar, a energia poderosa e a informação contidas no vórtice QP podem se tornar mais visíveis quando você aprende a sintonizar no canal pelo qual a energia, as emoções e o tom são comunicados. Esse é o Canal QP.

O Canal QP é bem diferente do mais visível "Canal de Dados", pelo qual comunicamos fatos e detalhes. Temos a tendência de sintonizar apenas no Canal de Dados, mas qualquer interação entre duas pessoas simultaneamente transmite informações tanto do Canal de Dados quanto do Canal QP. Como vamos ver nos próximos capítulos, a informação do Canal QP costuma ser mais importante para liderar, construir relacionamentos, motivar, inspirar e vender. Grandes líderes, pais, educadores, mentores e vendedores sabem disso.

Fig. 17   Os dois canais de comunicação

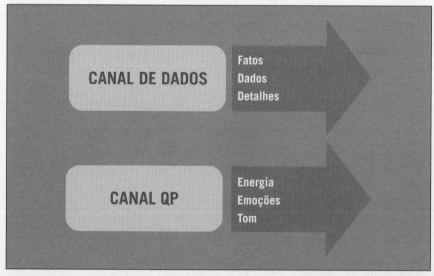

Para ilustrar, Bob, seu colega, pode ser o tipo de cara que sempre diz "Estou bem" no Canal de Dados em qualquer momento que você pergunte como ele está. Mas, pela energia e pelo tom dele, mostrados no Canal QP, ele pode estar emitindo um vórtice de negatividade, um pedido de ajuda, um desejo de reconhecimento ou um senso de ressentimento por um conflito não resolvido com você. Se você não estiver sintonizado com aquele canal, não vai saber o que realmente está acontecendo em seu relacionamento com Bob. O mesmo pode acontecer com sua equipe toda, seus clientes, seu cônjuge ou seu filho. O que as pessoas dizem é uma pequena parte do que realmente estão comunicando em qualquer interação.

Aprender a sintonizar no Canal QP tem um impacto poderoso em sua eficiência em interagir com os outros. E, é claro, é seu Cérebro QP que sabe como sintonizar melhor no Canal QP.

Para refletir

Escolha um relacionamento importante. Se você contasse as interações nas quais energia positiva ou negativa é trocada entre você e a outra pessoa, a relação seria tipicamente de pelo menos três positivos para cada negativo?

PARTE VI
APLICAÇÕES

Na Parte VI, você vai ver as muitas aplicações das três estratégias QP para melhorar o trabalho e a vida pessoal.

O capítulo 9 mostra brevemente a grande diversidade e abrangência dessas aplicações.

Os capítulos 10 a 12 incluem um estudo detalhado de caso em cada um, para dar a você uma imagem clara de como colocar o que está aprendendo em prática. O capítulo 10 acompanha um líder que dá uma virada na empresa ao aprender primeiro a aumentar o próprio QP e depois o da equipe. O capítulo 11 segue um casal em meio a um grande conflito enquanto eles aprendem a transformá-lo em oportunidade de fortalecer o relacionamento. Esse estudo de caso também inclui uma discussão sobre reduzir conflitos dentro de equipes. O capítulo 12 acompanha uma equipe que aplica princípios QP nas vendas. Também inclui uma discussão da aplicação do QP para motivar e persuadir em geral.

CAPÍTULO 9

APLICAÇÕES NO TRABALHO E NA VIDA

Aumentar o QP tem muitas aplicações. Neste capítulo, vamos olhar brevemente para a utilização de técnicas QP na construção de equipes, no equilíbrio entre trabalho e vida, na criação de filhos, na melhoria de suas habilidades, na resolução de problemas complexos, na descoberta de significado e propósito, no trabalho e na convivência com pessoas difíceis, em prol da saúde e de fazer dieta, no gerenciamento de estresse e no desenvolvimento de outras pessoas.

CONSTRUÇÃO DE EQUIPES

O QP de uma equipe não é necessariamente a média de QP de seus indivíduos. Um grande líder pode construir um alto QP de equipe composto de membros com QP mediano. Isso significa que os integrantes se sentem mais positivos enquanto estão nela do que quando estão fora dela. Da mesma maneira, você pode ter uma equipe de QP baixo composta de indivíduos com QP alto que não conseguem deixar de se sentir para baixo pelo vórtice negativo que desperta seus Sabotadores.

A maior parte dos retiros e das atividades tradicionais de construção de equipes cria breve euforia e positividade dentro dela que desaparece logo depois do evento. Isso acontece porque essas atividades usam elementos artificiais designados para forçar as pessoas a agirem de formas positivas e temporariamente deixarem os Sabotadores de lado. Por exemplo, se você está no alto das cordas em um curso de cordas com um membro da equipe que despreza, você não tem outra escolha além de deixar o desprezo de lado e colaborar com ele para encarar o desafio à frente. Esse pode ser um momento empolgante de uma parceria que faz bem. O problema é que seus Sabotadores estão à espreita atrás do ambiente fabricado do retiro. O Sabotador não foi permanentemente identificado nem enfraquecido. Nem seu Sábio foi fortalecido. Você não ergue um halter pesado algumas vezes e pensa que tem um corpo musculoso para a vida toda. Se seu Crítico estava desprezando seu membro da equipe antes do retiro, esse desprezo provavelmente vai voltar de uma forma diferente depois dele.

Nos capítulos 1 e 8, discutimos pesquisas que mostram uma forte ligação entre QP e desempenho. A forma sustentável de construir uma equipe de QP alto requer um foco duplo: 1. ajudar os membros da equipe a aumentar os QPs individuais; e 2. treinar a equipe para prestar atenção ao Canal QP durante as interações.

Para ajudar as pessoas a se concentrarem no Canal QP durante interações de equipe, eu às vezes faço a seguinte pergunta: "Se um alienígena que não entendesse sua língua testemunhasse essa interação entre Kathy e Karl, ele a avaliaria como uma troca de energias positiva, negativa ou neutra?" O alienígena teria mais facilidade em se concentrar na energia invisível do Canal QP, porque não se distrairia com o processamento de fatos e detalhes comunicados no Canal de Dados.

Por exemplo, Kathy podia ter se virado para Karl e perguntado: "Karl, o que levou a esse erro no projeto?" Em uma equipe de QP alto, quando Kathy está fazendo perguntas, ela está no Cérebro QP e no modo do Sábio. Está explorando e sendo curiosa quanto ao que deu errado, para que possa aprender com isso, ou para que a equipe possa desenvolver uma solução inovadora para evitar que isso se repita no futuro. O observador alienígena teria captado a energia e as emoções de curiosidade e exploração no Canal QP, vindas tanto de Kathy quanto de Karl.

Em uma equipe de QP baixo, Kathy poderia ter dito exatamente as mesmas palavras no Canal de Dados. "Karl, o que levou a esse erro no projeto?" No entanto, o Crítico teria estado na cabeça de Kathy dizendo essas palavras. No Canal QP, o alienígena em visita captaria desprezo ou culpa partindo de Kathy, e talvez uma atitude defensiva partindo de Karl. O Crítico de Kathy provavelmente teria despertado automaticamente os Sabotadores de Karl. Qualquer pessoa que prestasse atenção ao Canal QP teria reparado nessa troca de energia e teria sentido o vórtice negativo da equipe.

Podemos melhorar só aquilo que observamos. A troca de informações no Canal QP permite que as pessoas comecem a sair do vórtice negativo coletivamente, em vez de serem vítimas constantes da força invisível dele.

Observar o Canal QP é mais fácil se todas as pessoas da equipe estiverem executando uma ou mais das três estratégias QP para aumentar os QPs individuais. Em seu próximo retiro de equipe, separe um tempo para discutir os conceitos QP e pedir que cada pessoa identifique seus próprios Sabotadores. Alguns líderes se preocupam antes de retiros assim com um ou dois indivíduos que são particularmente difíceis, alheios ou relutantes em admitir seus próprios defeitos. Como nenhum indivíduo é destacado para falar o que há de errado com ele, todos participam da discussão QP intensamente. Até hoje, nunca encontrei um único membro de equipe que alegasse não ter Sabotadores e se recusasse a identificar os seus durante um retiro de equipe.

Imagine o grande impacto de quando membros de equipe identificam como costumam atirar em seus próprios pés e nos da equipe. Imagine-os fazendo isso sem vergonha, culpa, acusação nem atitude defensiva. O poder da conversa QP é que leva todos a um ponto de curiosidade sobre como podem melhorar a si mesmos, em vez de se concentrar em como uma pessoa deve mudar. Isso ajuda a equipe a mudar de um Cérebro Sobrevivente coletivo para um Cérebro QP coletivo.

Para prolongar o momento do aumento de QP da equipe para além do retiro, peço aos membros que acrescentem um pequeno relatório QP à reunião semanal de equipe. Cada membro inclui alguns itens que tratam de sucessos e fracassos relacionados ao desenvolvimento QP na semana anterior. Isso pode incluir momentos em que os Sabotadores atrapalharam, ou quando empregaram com sucesso os poderes do Sábio e salvaram o dia. Tanto as histórias de sucesso quanto de fracasso acrescentam ao aprendizado e ao compromisso de todos os membros de permanecer na prática QP. Lembre-se de que, assim como a boa forma física é questão de prática diária, a boa forma QP também. Um relatório QP acoplado à discussão semanal da equipe garante que o aumento do QP coletivo dure o bastante para elevar a pontuação QP ao vórtice positivo. Quando isso acontecer, o QP alto da equipe vai sustentar a si mesmo.

Como empurrão adicional ao QP da equipe, muitas equipes seniores em indústrias tão diversas quanto manufaturas, TI e bancos começam as reuniões mais longas de equipe com alguma espécie de exercício de ativação do Cérebro QP. Isso ajuda todos a já começarem correndo, com o Sábio no banco do motorista e as vozes dos Sabotadores silenciadas.

EQUILÍBRIO ENTRE TRABALHO E VIDA

O equilíbrio entre trabalho e vida costuma ser interpretado em termos de quanto tempo é passado no trabalho em comparação ao tempo passado com a família e resolvendo assuntos pessoais. Apesar de ser desejável criar uma alocação de tempo mais equilibrada, você pode instantaneamente melhorar seu equilíbrio entre trabalho e vida estando em seu Cérebro QP enquanto participa de qualquer coisa que esteja fazendo. A abordagem QP ao equilíbrio trabalho-vida se concentra não apenas na quantidade de tempo, mas, o que é ainda mais importante, na qualidade de tempo que você passa no que é importante para você.

Quando entrevisto os filhos e os cônjuges das pessoas que treino, eles costumam reclamar que o smartphone é o terceiro elemento do relacionamento entre eles e que recebe maior atenção quando estão juntos. Embora estejam passando bastante tempo juntos, o impacto desse tempo no relacionamento não é muito positivo. Uma hora passada com seu cônjuge ou seu filho enquanto você está no modo do Cérebro QP e completamente presente tem um impacto mais positivo no relacionamento do que um fim de semana inteiro com eles enquanto você sofre nas mãos dos seus Sabotadores e do fluxo de pensamentos. Lembre-se de que os sinais no Canal QP são mais importantes para um relacionamento do que os sinais no Canal de Dados. Muitos de nós temos o hábito de dizer "eu te amo" para nossos entes queridos pelo Canal de Dados, enquanto o que estamos comunicando pelo Canal QP é tão amoroso e impactante quanto ler uma lista de compras.

Pratique estar no modo QP do cérebro com as pessoas que realmente importam para você por apenas cinco minutos e veja o grande impacto que isso causa no relacionamento. Quando você as abraçar, sinta a respiração e até os batimentos enquanto elas estiverem perto (uma repetição QP, três respirações). Quando você olhar para elas, olhe de verdade. As pupilas estão contraídas ou dilatadas? Como a cor ao redor das pupilas muda? Os olhos brilham conforme você desenvolve uma conversa? Se diz "eu te amo", você realmente sente o calor desse amor no coração ao pronunciar as palavras?

O QP pode contribuir para o equilíbrio entre o trabalho e a vida de outras formas. Quando seu Sábio está no controle, você não precisa de férias de duas semanas para se sentir energizado. A não ser que você tenha trabalhado em uma mina de carvão quebrando pedras, sua exaustão não é física; é puramente mental. E a exaustão mental acontece por causa dos Sabotadores. O Sábio não sabe nada sobre exaustão mental. Você pode aliviar sua exaustão mental instantaneamente a cada vez que muda para o modo do Cérebro QP. Você já deve saber disso. Você já recebeu uma ligação de um ente querido que estava distante que imediatamente acabou com sua exaustão?

Além de aumentar a qualidade de tempo que você passa fora do trabalho, aumentar o QP resulta em poupar tempo no trabalho para que você consiga alocar mais energia nas atividades externas. Fazer várias coisas ao mesmo tempo freneticamente, o grande vício do século XXI, não é tão produtivo e eficiente quanto fazer uma coisa de cada vez, que é uma tarefa que recebe a ajuda do mais calmo e centrado Cérebro QP.

Um grupo de cientistas de Stanford demonstrou recentemente que as pessoas que fazem muitas tarefas ao mesmo tempo regularmente com várias fontes de informação eletrônica não prestam atenção, não controlam a memória e nem mudam de uma tarefa à outra tão bem quanto os que preferem executar uma tarefa de cada vez.[32] "Ficávamos procurando aquilo em que eles eram melhores, mas não encontramos", disse o professor Eyal Ophir, o líder da pesquisa. "Eles adoram uma irrelevância", acrescentou o professor Clifford Nass, um dos pesquisadores.[33]

O professor Nass continua: "Praticamente todos os executores de multitarefas acham que são brilhantes na execução de muitas tarefas ao mesmo tempo. E uma das grandes descobertas é: sabe de uma coisa, você é péssimo nisso. Acontece que os executores de multitarefas são péssimos em cada aspecto disso... eles se distraem constantemente. A memória deles é muito desorganizada... Temos medo de estarmos criando pessoas incapazes de pensar bem e claramente."[34]

A estranha glamorização da capacidade de executar multitarefas não é a única falsa suposição de Sabotador que resulta em perda de tempo no trabalho. Por exemplo, se seu Crítico acredita que "sem dor não há ganho", você pode ignorar soluções mais fáceis ou não confiar que funcionarão. Ou seu Hiper-Realizador pode convencer você de que trabalhar mais sempre resulta em mais realizações. Mas isso não é verdade; além de certa quantidade de trabalho e estresse, a produtividade cai, o que significa que trabalhar mais na verdade resulta em produzir menos. Isso acontece em parte porque um estresse maior alimenta seus Sabotadores e energiza seu Cérebro Sobrevivente. Como vimos, o Cérebro Sobrevivente é otimizado para o perigo iminente, não para a produtividade regular.

CRIAÇÃO DE FILHOS

A maior parte de nós dá muito duro como pais porque sem querer microgerenciamos nossos filhos. Trabalhamos incansavelmente para fazer com que estudem e tirem boas notas para poderem estudar em boas escolas, ser excelentes em suas profissões, encontrar um bom companheiro etc. Achamos que essas realizações vão fazê-los felizes. O problema é que a grande maioria das pessoas com quem trabalhei como coach e que alcançaram todas essas marcas não eram necessariamente tão felizes e viviam vidas muito estressantes enquanto sofriam nas mãos de fortes Sabotadores. Se a felicidade e a paz de espírito são o que você quer para seus filhos, sua contribuição mais importante e duradoura seria ajudá-los a construir a base que vai torná-los felizes: o QP.

Como pai, minha maior prioridade é me certificar de que meus dois filhos desenvolvam QPs altos — bem acima de 75 — antes de chegarem aos 18 anos e saírem de casa. Com um forte Cérebro QP, eles conseguirão acessar a grande sabedoria do Sábio depois de saírem de casa. Os caminhos deles certamente vão fluir depois disso. Eles podem descobrir após alguns anos que escolheram a carreira errada na faculdade. Ou podem se perder por um tempo e tirar notas ruins, ou até largarem os estudos. Podem ficar de coração partido no primeiro relacionamento, ou podem falhar horrivelmente no primeiro emprego. A vida vai transcorrer e nenhuma quantidade de vigilância de minha parte pode protegê-los. Com seus Sábios, no entanto, eles vão conseguir superar todas essas circunstâncias negativas e transformar as falhas e os erros em dádivas e oportunidades. Vão conseguir crescer sempre, enquanto também se sentem felizes e tranquilos no processo.

Isso não significa que negligencio as outras áreas em que os pais costumam se concentrar, mas aprendi a não sofrer por causa delas. Elas importam, mas não tanto quanto ajudar meus filhos a serem os mestres das próprias mentes e conseguirem acesso à sabedoria mais profunda de cada um.

Como essa abordagem aparece no dia a dia? Minha esposa e eu aproveitamos cada oportunidade para lembrar nossos filhos de fazerem algumas repetições QP para chegarem a cem. Por exemplo, durante o jantar, às vezes interrompemos nossos filhos e pedimos que façam algumas repetições QP dando uma atenção maior às próximas garfadas que vão comer. Às vezes, todos nós fazemos isso como família, fechando nossos olhos e fazendo algumas repetições para maior impacto. Também aproveitamos a mesa de jantar para falarmos sobre as três coisas no dia pelas quais somos gratos. A gratidão é um sentimento do Sábio, e esse exercício o fortalece.

Quando jogamos beisebol no parque, de vez em quando faço uma pausa e peço ao meu filho para fechar os olhos e fazer algumas repetições dedicando um tempo para sentir a luva na mão, a textura, a temperatura e o peso dela. Ou peço que ele sinta o peso do corpo sobre os pés. Ou a brisa no rosto. Ou o subir e descer do peito ou da barriga a cada vez que respira. Quando voltamos a brincar de jogar e pegar a bola, peço que ele faça uma repetição observando o giro da bola até cair na luva, e que sinta o impacto e o som dela batendo na luva. Na primeira vez em que ele fez isso, ficou impressionado por ter visto as pequenas partículas de poeira que subiram da luva quando a bola bateu. Ele parou de ficar tão inquieto e assumiu uma forma física mais graciosa quase imediatamente.

Ensinar seus filhos sobre o Sábio e os Sabotadores tem impacto duradouro. Você pode inicialmente querer limitar isso à discussão de um Sabotador, em vez de explicar sobre o Crítico e seus Sabotadores cúmplices. Crianças até mesmo com 10 anos são perfeitamente capazes de entender e usar o conceito. O filho do meu cliente que batizou o próprio Crítico de "Fazedor de Cocô" tinha apenas 11 anos quando o pai lhe descreveu o conceito.

Depois que você ensina a seu filho os aspectos básicos do Sábio e dos Sabotadores, você pode então transformar muitos dos desafios diários em oportunidades para reforçar o conceito. Em vez de ditar que ele deve fazer A em lugar de B, você pode perguntar que voz na cabeça dele vota em qual opção. Mostre para seu filho que sempre há vozes e escolhas, e que sempre há consequências para cada uma. Permita que ele siga as influências dos Sabotadores e sofra as consequências, desde que você sempre faça uma análise isenta de culpa no final e transforme a situação em oportunidade de aprendizado. Assim, você para de microgerenciar seu filho e o ajuda a desenvolver o tão importante QP.

MELHORIA DAS SUAS HABILIDADES

Você pode melhorar seu desempenho nos esportes significativamente desenvolvendo seu Cérebro QP e enfraquecendo seus Sabotadores. Tive uma surpreendente experiência com isso. Quando eu estava crescendo, nunca toquei em uma raquete de tênis. Quando estava em Stanford, fui inspirado pela reputação mundial do programa de tênis da faculdade e da equipe e decidi fazer aulas. No entanto, depois de dois anos de treinos, eu ainda estava em um nível intermediário baixo e decidi parar. Fiquei frustrado pelo progresso lento.

Quinze anos depois, em férias de verão, um amigo que era um jogador de tênis relativamente bom ficou insistindo para que eu jogasse com ele. Depois de múltiplos avisos de que eu não tocava em uma raquete de tênis havia 15 anos, de que eu não era do nível dele e de que o entediaria, concordei em jogar. Quando começamos o jogo, fiquei impressionado com meu desempenho. Eu estava jogando em um nível bem superior ao que jogava 15 anos antes. Meu amigo disse que ficou impressionado com a precisão da minha forma e meus lances com a raquete. Acabei percebendo que, nos 15 anos que se passaram, desenvolvi grande força no meu Cérebro QP e enfraqueci meus Sabotadores. Isso significava que eu podia concentrar minha atenção integral na bola, na rede, na raquete e na memória muscular da ocasional raquetada perfeita. Não havia Sabotadores para me deixarem preocupados com meu desempenho nem me distraírem com outros pensamentos e sentimentos. A melhora no meu jogo que resultou disso foi impressionante e completamente inesperada.

Na próxima vez em que você jogar seu esporte favorito, prometa a si mesmo fazer o máximo de repetições QP que puder bem antes e durante o jogo. Isso pode tomar forma de sentir a temperatura, a textura ou o peso do taco ou da raquete durante algumas respirações, de ver o giro da bola quando ela for em sua direção, de sentir a brisa no rosto, ou de apenas observar sua respiração sempre que puder durante o jogo. Quando você ouvir as vozes dos Sabotadores o deixando ansioso quanto a seu desempenho, rotule-os e deixe-os de lado.

Atletas que vivenciam a sensação de força total estão usando os poderes QP. Eles relatam um sentimento repentino de calma e relaxamento profundos, uma cessão do fluxo de pensamentos e foco laser na bola e cesta, ou no que o jogo requer. O foco é tão puro que eles quase vivenciam tudo em câmara lenta e podem até prever intuitivamente o que vai acontecer depois. Essas são todas experiências do Cérebro QP. Esses atletas não costumam saber como chegaram lá e nem como repetir a experiência. Agora, você sabe.

RESOLUÇÃO DE PROBLEMAS COMPLEXOS

Você já teve uma experiência em que a neblina some e a resposta de um problema complexo de repente surge na sua cabeça? Esses são momentos

INTELIGÊNCIA POSITIVA

em que seu Cérebro QP finalmente surge em sua embaralhada mente racional e no ruído dos seus pensamentos para mostrar o caminho. A maioria das pessoas vivencia esses momentos enquanto está tomando banho, fazendo atividades físicas ou caminhando na natureza. Isso acontece porque essas atividades, que são cheias de estímulos físicos, concentram sua atenção nas sensações do corpo, que ativam o Cérebro QP e silenciam os Sabotadores. Agora você sabe como procurar momentos de clareza quando quiser.

Cientistas de computação trabalham com dois tipos de computador: computadores seriais, que agem mais como o lado esquerdo do nosso cérebro, e computadores paralelos, que agem mais como o lado direito do nosso cérebro (parte do Cérebro QP). Métodos seriais e paralelos funcionam para diferentes tipos de problemas. Algumas das perguntas mais profundas e complexas só podem ser respondidas usando o processo paralelo do nosso Cérebro QP.

Com um computador serial, uma coisa acontece de cada vez e o progresso é sequencial. Por exemplo, "A é rápido e caro; B é lento e barato. A velocidade não importa para mim; o dinheiro, sim. Portanto, devo comprar B." Esse é um problema de computação serial. Envolve vários passos distintos de aplicação de dados lógicos, e a resposta é sempre a mesma. A maior parte dos computadores que usamos são seriais e funcionam de forma parecida com o lado esquerdo do nosso cérebro.

Um computador paralelo processa uma quantidade de dados muito maior simultaneamente em setores paralelos e é capaz de encontrar padrões e chegar a conclusões que um processo serial não conseguiria nem abordar. Supercomputadores gigantescos funcionam em paralelo, de forma similar ao nosso Cérebro QP.

Muitas decisões que temos que tomar são complexas demais para serem reduzidas aos fatores concretos e limitados com que o processo serial do lado esquerdo do cérebro consegue lidar. Com quem você deve casar, quem você deve contratar, que objetivo você deve estipular para sua equipe, qual é sua vocação na vida, qual poderia ser a próxima grande descoberta criativa — todos esses são problemas complexos que exigem uso do seu Cérebro QP paralelo para obter respostas eficientes.

Seu cérebro racional pode tornar você *inteligente*, mas seu Cérebro QP torna você *sábio*. Enquanto sua mente racional é limitada a informações que você sabe e lembra, o Cérebro QP pode acessar a mais vasta biblioteca de qualquer coisa que você vivenciou e aprendeu, incluindo as coisas das quais pode nem estar ciente. Quando ele surge com uma resposta, não vai ser capaz de dizer como chegou a ela, pois ele usou seu gigantesco processo paralelo e casamento de padrões. É aí que mora a sabedoria do seu Sábio. É também o local de origem da "certeza inconsciente" e da intuição.

Se você já se convenceu a contratar alguém mesmo tendo a sensação de que não devia porque essa pessoa tinha um currículo incrível e atendia a todos os critérios, mas a pessoa acabou falhando em pouco tempo, você sabe por que deve usar o Cérebro QP para dar o palpite final nesse tipo de decisão.

Muitos cientistas e líderes falam que suas maiores descobertas e invenções não foram alcançadas inicialmente pelo pensamento intenso e racional. Na verdade, o discernimento brilhante veio em um brilho de inspiração, e depois eles trabalharam duro para reunir os dados racionais e as evidências que comprovavam. Thomas Edison até transformou isso em rotina. Ele descobriu que suas maiores invenções ocorriam a ele nos momentos logo antes de adormecer. Assim, ele ficava sentado em uma cadeira segurando uma bola de aço na mão até pegar no sono. Assim que estava prestes a adormecer, a mão relaxava e a bola de aço caía no chão, despertando-o. Ele então anotava qualquer ideia interessante que tivesse surgido em sua cabeça. Essa técnica era eficiente porque o Cérebro QP é o mais dominante no breve período entre acordar e dormir.

Obviamente, há maneiras mais fáceis e mais práticas de acessar a sabedoria do Cérebro QP do que o método de Edison. Eu mesmo, sempre que estou tentando resolver um assunto complexo ou bolar uma solução criativa importante, faço uma rotina de academia QP de 15 minutos para ativar completamente meu Cérebro QP. Em seguida, apresento a questão delicadamente ao meu cérebro, pois cansar a mente pensando com esforço é o modo do Cérebro Sobrevivente de encarar os problemas. Minha média de reação é de uma para três, o que significa que costumo precisar fazer isso no máximo três vezes até descobrir a resposta. Tente em algum momento. Na verdade, é bem divertido.

DESCOBERTA DE SIGNIFICADO E PROPÓSITO

Estabelecemos que nosso Cérebro QP está preparado para responder aos tipos mais profundos e complexos de perguntas. E o que poderia ser mais profundo do que as perguntas sobre missão, propósito e significado? É seu Cérebro QP que pode responder.

Há duas abordagens diferentes para levar propósito e significado ao seu trabalho ou à sua vida pessoal. Uma é mudar *como* você faz as coisas ao certificar que esteja no Cérebro QP quando as executa. A segunda é mudar *o que* você faz. Vamos explorar as duas.

Os alunos de um velho e sábio professor certa vez perguntaram a ele como a vida tinha mudado desde que ele se tornou iluminado. Ele refletiu calmamente por um momento antes de falar: "Antes de me tornar iluminado, eu costumava cortar madeira e carregar água." Ele fez uma pausa e a expectativa dos alunos aumentou. "Depois que me tornei iluminado, corto madeira e carrego água."

A questão aqui é que a forma como você se sente em relação a esse momento tem bem menos a ver com o que você está fazendo e bem mais com como está fazendo. Para ser ainda mais específico, tem a ver com o fato de você estar no modo do Cérebro QP ou do Cérebro Sobrevivente quando executa uma tarefa.

Isso é melhor ilustrado por uma fascinante pesquisa conduzida pela psicóloga Amy Wrzesniewski e seus colegas. Eles descobriram que as pessoas encaram o trabalho de uma de três maneiras: como emprego, como carreira ou como vocação. E, ainda mais importante, descobriram que a forma como as pessoas encaram o trabalho é mais uma questão de escolha e perspectiva do que do trabalho em si.

Em uma pesquisa feita com faxineiros de hospital, um grupo de funcionários encarava o trabalho como apenas um emprego e o achavam chato e sem sentido. Outro grupo encarava o mesmo trabalho como significativo e envolvente. Eles abordavam o trabalho de maneiras mais criativas. Interagiam mais com os enfermeiros, pacientes e visitantes. Tinham orgulho em fazer os pacientes e funcionários do hospital se sentirem melhor. Ativamente enchiam o trabalho aparentemente subalterno de significado.

De maneira similar, em um estudo com 24 assistentes administrativos com empregos quase idênticos, quase um terço via o trabalho como apenas um emprego, outro terço via como carreira e o terceiro terço via como vocação.

O que isso significa é que você pode ajudar a si mesmo e os outros a dar bem mais significado ao mesmo trabalho sem precisar mudar o trabalho em si. Você pode mudar como faz o trabalho ativando o Cérebro QP e o Sábio.

A segunda maneira de dar propósito ao seu trabalho é mudar o que você faz. Isso não significa necessariamente mudar de emprego ou de função. Pode significar mudar o que você faz dentro do escopo de seu emprego atual ou de papéis.

O poder de navegação do Sábio é particularmente relevante para ajudar a responder o que você deve fazer de diferente em seu emprego atual ou em vários papéis. Faça o jogo de poder de olhar para o futuro com o máximo de frequência que puder para conseguir orientação da sua bússola interior. Por exemplo, se você for gerente, pergunte a si mesmo: *Como eu desejaria ter executado esse papel no final da minha carreira, quando olhasse para trás?* Fazer essa pergunta pode ajudar você a decidir que desenvolver seus membros da equipe é bem mais importante para sua sensação de realização de longo prazo. Essa percepção pode levar você a microgerenciar menos, ou a criar um equilíbrio melhor entre combater os incêndios em curto prazo e usá-los para o crescimento dessas pessoas de maneiras mais duradouras.

Em algumas circunstâncias, você pode se dar conta de que nem mudar o modo *como* você executa seu papel atual e nem mudar *o que* você faz dentro desse papel gera alinhamento suficiente com sua bússola interior. Se for esse o caso, você pode querer considerar um novo emprego ou até mesmo uma nova carreira. Mas, em minha experiência, a maior parte das pessoas encontra soluções satisfatórias sem ter que se aventurar muito longe de onde já está.

Se você está se perguntando que opção seguir, a resposta está em seu Cérebro QP. Faça um exercício QP de 15 minutos para energizar completamente seu Cérebro QP e faça para si mesmo a pergunta mais profunda. Seu Sábio vai dar a resposta depois de algumas tentativas.

TRABALHO E CONVIVÊNCIA COM PESSOAS DIFÍCEIS

A essa altura, temos uma língua diferente para falar sobre pessoas "difíceis": são pessoas que têm Sabotadores particularmente fortes. Como você trabalha e vive mais efetivamente com pessoas assim?

A Inteligência Positiva oferece quatro estratégias-chave para isso:

1. **Pare de alimentar os Sabotadores.** Lembre-se de que os Sabotadores de uma pessoa tendem a despertar os Sabotadores em outra. Portanto, é bem provável que os da outra pessoa tenham despertado os seus. Os seus Sabotadores, por sua vez, energizam ainda mais os dela, levando a um círculo vicioso. Você precisa romper esse círculo não se deixando dominar por seus próprios

Sabotadores quando estiver na presença dessa pessoa. Intensifique seu esforço de rotular e se libertar de seus Sabotadores, ou faça repetições QP quando reparar que os Sabotadores dela estão surgindo.

2. **Alimente os Sábios.** Lembre-se também de que o Sábio de uma pessoa tende a energizar o Sábio de outra. Quando estiver na presença da pessoa difícil, intensifique seu esforço de se centrar em seu Sábio. Adotar a perspectiva do Sábio significa que você se pergunta como pode transformar a personalidade difícil dessa pessoa em dádiva e oportunidade, em vez de se aborrecer com ela. Você também pode sugerir um jogo de poder do Sábio para mudar a dinâmica da sua interação. Por exemplo, você pode interromper as negações dela sugerindo a abordagem do "sim... e..." durante uma discussão sobre geração de ideias.

3. **Ajude-as a descobrir seus Sabotadores.** A maior parte das pessoas reagiria defensivamente se você lhes dissesse que achava que elas tinham o Crítico, a Vítima, o Esquivo ou qualquer outro Sabotador. Mas elas poderiam reagir de maneira mais favorável se você compartilhasse com elas os benefícios de descobrir seus próprios Sabotadores e despertasse o interesse no poder de uma descoberta similar para elas mesmas. Este livro, ou o site, pode ajudá-las a perceber que os Sabotadores são um fenômeno universal e que não deviam se sentir constrangidos em admitir que os têm. Mais poderoso ainda é você conseguir ver e reconhecer a essência do Sábio escondida debaixo dos Sabotadores. Diga as possibilidades que vê nelas se conseguirem usar os poderes do Sábio.

Quando possível, compartilhe os parâmetros QP com as pessoas em um grupo, em vez de em uma conversa individual. Por exemplo, todas as pessoas em uma equipe, família ou sala de aula poderiam avaliar e discutir os próprios Sabotadores juntas. Isso ajuda de duas maneiras: primeiro, ninguém se sente destacado, e segundo, desperta o QP do grupo todo, o que significa que cada pessoa dentro do grupo vai ter mais facilidade em manter um QP mais alto. Isso acontece devido ao poder energético invisível do vórtice QP.

4. **Coloque limites ao redor dos Sabotadores.** Se as estratégias anteriores não forem possíveis, como último recurso você pode pelo menos limitar o dano dos Sabotadores da pessoa difícil ao impor

limites. Permita que os Sabotadores façam como quiserem dentro de uma área delimitada e pequena. Você está, na verdade, "jogando um osso" para o Sabotador para ocupar a energia dele e fazer com que seja gasta em um domínio menor.

Por exemplo, você pode dar um domínio pequeno ao Crítico para ele se sentir superior; dar ao Controlador uma coisa pequena para que ele possa controlar integralmente dentro de um projeto maior; permitir que o Insistente faça um pequeno projeto até atingir a perfeição do jeito que ele quer; ou negociar com o Hiper-Realizador por limites claros para tempo protegido com a família, fora do qual ele pode ser workaholic o quanto desejar. Isso é uma estratégia de último recurso porque não diminui a força do Sabotador.

Com essas quatro estratégias, você pode trabalhar e viver com mais eficiência com pessoas que exibem fortes Sabotadores. Além disso, veja se você consegue ativar a compaixão do seu Sábio com essas pessoas. Imagine o quanto deve ser difícil para elas viver com aqueles Sabotadores. Elas não nasceram assim, e os Sábios estão tentando sair das sombras dos Sabotadores. Esses Sábios poderiam ter ajuda do seu Sábio.

SAÚDE E DIETA

Citei pesquisas no Capítulo 1 que mostram que tendências a QPs mais altos resultam em níveis menores de hormônios relacionados ao estresse, em um sistema imunológico mais eficiente, em menos reações inflamatórias ao estresse, menor pressão arterial, menos dor, menos resfriados, sono melhor e menor probabilidade de diabetes e derrames. Também mencionei que a pesquisa mostrava um aumento de longevidade de cerca de dez anos.

Uma dieta saudável e moderada também está associada com melhorias na saúde. Os especialistas concordam que, para a maioria das pessoas, comer demais não tem nada a ver com sentir fome. As razões para comermos demais são em geral psicológicas, não físicas. Ficamos entediados, ansiosos, inquietos ou infelizes, então procuramos a comida. Comer alivia temporariamente esses sentimentos e dá um pouco de distração ou prazer como antídoto.

O Cérebro QP neutraliza essa dinâmica de duas maneiras. Primeiro, com seu Cérebro QP ativado, você não vai se sentir entediado, nem ansioso, nem inquieto e nem infeliz. Não vai haver vazio a preencher com comida. Segundo, cada porção que você come com atenção vai dar bem mais prazer do que dez porções semelhantes no modo do Cérebro Sobrevivente, o que significa que você precisa de bem menos comida para satisfazer o mesmo desejo de prazer.

Quando alguém quer perder peso, não encorajo essa pessoa a seguir nenhuma dieta particular nem a comer um alimento em particular. Vou para o centro da questão e peço que se comprometa a uma coisa: comer com atenção. Essa pessoa se compromete a fazer pelo menos dez repetições QP a cada refeição.

O relacionamento das pessoas com a comida é transformado quando elas começam a comer assim. Elas imediatamente relatam que começam a comer bem mais devagar e a ter bem mais prazer, ao mesmo tempo que testemunham e enfraquecem os Sabotadores que provocam os problemas alimentares.

GERENCIAMENTO DE ESTRESSE

Todo estresse é gerado pelos Sabotadores. Sob a influência do Sábio, você se concentra em fazer o que precisa ser feito, mas não se preocupa com o resultado. Você sabe que, seja qual for o resultado que obtiver, vai conseguir transformar em dádiva ou oportunidade. Isso inclui cometer um grande erro ou falhar. Imagine o que acontece ao seu estresse se você vai atrás do resultado que deseja apaixonadamente sem nunca se prender a ele. É um paradoxo, claro, que causa em seus Sabotadores um aneurisma e que só você e seu Sábio entendem. Seu Sábio sabe que você tem mais chance de alcançar o resultado se não sentir que sua felicidade e seu sucesso dependem dele.

Apesar de as estratégias para enfraquecer os Sabotadores e fortalecer o Sábio reduzirem independentemente seu estresse e sua ansiedade, você também pode utilizar a terceira estratégia para fortalecer seus músculos do Cérebro QP. Ele é incapaz de sentir estresse, assim como o Cérebro Sobrevivente é incapaz de sentir paz. Se você fortalece e ativa seu Cérebro QP, vai sentir paz em meio às maiores tempestades da vida.

Um CEO de quem fui coach e que gostava de barcos comparava as novas experiências de sensação de calma a encontrar uma âncora. Ele disse que era como se tivesse passado a vida toda como capitão do barco sem uma âncora nos mares agitados, apavorado a cada formação de nuvens. Com o fortalecimento do Cérebro QP, ele disse que agora tinha uma âncora para jogar: ele conseguia sentir uma profunda paz mesmo no meio da maior das tempestades. "Não fico mais constantemente ansioso com o que a próxima tempestade pode trazer", disse ele, articulando um sentimento comum daqueles que aumentam o QP.

DESENVOLVIMENTO DE OUTRAS PESSOAS

Bilhões de dólares são desperdiçados em treinamento e desenvolvimento todos os anos. Seis meses após treinamentos caros, sejam eles com o propósito de fortalecer habilidades de liderança, inteligência emocional, capacidades de venda ou serviço ao cliente, muitos participantes mal conseguem relembrar o que aprenderam ou apontar o que mudou. A maior parte desses treinamentos se concentra em competências de nível maior, enquanto deixa os secretos Sabotadores intactos. Por exemplo, em workshops de gerenciamento de conflitos, as pessoas aprendem habilidades de audição ativa e se esforçam para ouvirem umas às outras. O problema é que, se o cruel Crítico for deixado intacto, logo vai sobrepujar qualquer benefício que derivar de ouvir ativamente. Suas novas capacidades de audição ativa podem até se tornar uma ferramenta usada pelo Crítico para reunir melhores evidências contra a outra pessoa. Como um líder disse: "Se você for um idiota quando entrar nesse workshop, vai sair dele ainda sendo um idiota, mas será mais perigoso porque saberá disfarçar melhor."

No Capítulo 12, vamos ver que um vendedor usando técnicas positivas enquanto não se sente verdadeiramente positivo (em outras palavras, com os Sabotadores intactos) coloca em risco não apenas a venda, mas também sua própria saúde. As técnicas de pensamento positivo são um tiro que saiu pela culatra se aprendidas sem impedir a negatividade dos Sabotadores.

Se você quer desenvolver outras pessoas de uma maneira significativa e duradoura, é melhor começar com o treinamento QP. Senão, você pode estar apenas plantando um belo jardim, mas deixando lesmas famintas livres para circular.

OUTRAS APLICAÇÕES

Como você pode imaginar, podemos pegar qualquer desafio significativo no trabalho e na vida pessoal e aplicar o modelo QP. Espero que você escolha fazer isso, e espero que compartilhe o que aprendeu com os outros, para que uma comunidade ainda maior possa ser construída usando nossa sabedoria coletiva.

INTELIGÊNCIA POSITIVA

Para refletir

Em que área você se sente mais inspirado para usar a abordagem QP? Como deve ser o sucesso nessa área?

CAPÍTULO 10

ESTUDO DE CASO: LIDERANDO A SI MESMO E UMA EQUIPE

"As derrotas vão continuar enquanto o moral não melhorar." Esse dito espirituoso, apesar de parecer absurdo, não está longe do que acontece na prática.

Recentemente tive uma reunião com um CEO muito inteligente e sincero que vinha tentando havia meses, com sucesso parcial, levar a equipe para um modo de QP mais alto. Quando discutimos a abordagem dele, uma lâmpada imediatamente se apagou. Ele insistia por mais positividade demonstrando grande frustração com a negatividade constante. Estava concentrado em punir a negatividade e passava pouco tempo celebrando ou dando exemplo de positividade. Estava inadvertidamente demonstrando e reforçando a mesma energia do Sabotador contra a qual lutava.

Esse paradoxo costuma ficar evidente não apenas em líderes, mas também em pais, educadores e cônjuges que estão desesperadamente tentando mudar o filho, o aluno ou o cônjuge para terem um comportamento mais positivo. Um líder, pai, professor ou cônjuge que quer mudar o comportamento de outra pessoa para um de QP maior deve primeiro fazer isso por si mesmo. O Sábio em você tem mais chance de ativar o Sábio no outro, assim como os Sabotadores em você têm mais chance de ativar os Sabotadores nos outros.

A HISTÓRIA DE FRANK

No Capítulo 1, compartilhei uma versão abreviada da história de Frank para apresentar os benefícios da Inteligência Positiva. Como você agora já

Estudo de Caso: Liderando a si mesmo e uma equipe

aprendeu quais são os parâmetros e as ferramentas QP, posso dar uma versão de bastidores da história. Isso vai ajudar você a guiar a si mesmo e os outros pelas aplicações do modelo.

Lembre-se de que Frank era o CEO de uma empresa de capital aberto. Durante a Grande Recessão de 2008, ele me ligou pedindo uma reunião urgente. Quando nos encontramos, fiquei surpreso com o quanto ele parecia ter envelhecido desde a última vez em que eu o tinha visto. Depois de uma breve conversa, ele me contou que tinha ficado tão arrasado com as perdas recentes nas ações da empresa que tinha caído no choro em frente à filha de 10 anos. Ela o tinha consolado e dito que tudo ficaria bem. Ele ficou constrangido e se sentiu culpado pela inversão de papéis.

Por causa do orgulho e da confiança na empresa, Frank não tinha diversificado seu investimento e viu seu patrimônio líquido, que estava diretamente ligado às ações da companhia, cair em dois terços em cerca de seis meses. Ele não conseguia dormir bem e passava as noites remoendo pensamentos de medo, arrependimento, vergonha e culpa pela decaída da empresa e pelo impacto que isso teria tanto na família dele quanto na vida dos funcionários.

Depois de ter empatia por Frank e de me certificar de que ele se sentiu ouvido, falei para ele que, apesar da crise, toda a aflição do momento era construção da mente dele e isso era provocado pelos Sabotadores. No guardanapo da mesa do café onde estávamos, desenhei a perspectiva e os cinco poderes do Sábio e sugeri que essas coisas poderiam ajudá-lo a transformar a situação em dádiva e oportunidade.

Para ajudar Frank a superar o ceticismo, contei-lhe a história do garanhão (página 72) para ilustrar a perspectiva do Sábio. Sugeri que a situação dele era análoga à do roubo do garanhão do fazendeiro e que o Crítico estava dizendo que era ruim, ruim, ruim, o que era mentira. Frank não se convenceu, o que é típico quando o Crítico está energizado em uma grande crise. Ele não conseguia ver como aceitar essa terrível situação como dádiva e oportunidade.

Eu insisti para que não continuássemos nossa conversa até ele ter elaborado ao menos três ideias nas quais essa situação poderia se tornar uma dádiva (a técnica dos três presentes). Ele lutou e fez uma tentativa sem muito esforço. Chegou à possibilidade de ser forçado a se aposentar mais cedo e acabar se cuidando melhor e passando mais tempo com a esposa e os filhos. Quando insisti em mais possibilidades, ele disse que talvez as demissões necessárias dessem a ele a chance de se livrar dos membros "C" da empresa para formar uma equipe mais forte. Como exemplo final, ele disse que talvez acabasse se tornando uma pessoa mais relaxada, pois seu pior pesadelo já tinha virado realidade. Consegui ver que o Crítico de Frank tinha uma forte influência sobre ele e que no máximo eu só conseguiria amolecer as beiradas da certeza do Crítico de que a situação estava ruim.

Perguntei a Frank como estava a equipe executiva, e ele disse que estava previsivelmente sob uma quantidade igual de tensão e desânimo com os acontecimentos. Como previ, Frank teve uma baixa pontuação QP de 43, enquanto o QP da equipe foi 54. Estava claro que todos vinham vivendo sob influência dos Sabotadores desde que as ações da empresa despencaram. Estavam sendo arrastados para baixo pelas forças poderosas dos vórtices negativos individuais e coletivos.

O progresso de Frank para chegar a cem repetições QP por dia foi lento no começo. Tínhamos concordado que ele me mandaria um e-mail ao fim de cada dia para relatar quantas tinha conseguido. No primeiro dia, ele relatou 14. No dia seguinte, cinco. Ele costumava praticar apenas de manhã, antes de ser engolido pelo vórtice negativo pelo resto do dia. Depois do segundo dia, não recebi notícias dele por alguns dias, durante os quais ele se esqueceu completamente de praticar.

No sexto dia, ele me mandou um e-mail muito entusiasmado. Tinha decidido fazer algumas repetições durante o almoço. Ele fechou os olhos para se concentrar nas mordidas do sanduíche de peru e ficou impressionado com a diferença na experiência da refeição. Ele sentiu que, pela primeira vez, tinha realmente sentido a textura e a maciez do pão ao mordê-lo, a crocância da alface, a frieza e a umidade da fatia de tomate, a sensação ácida da mostarda na língua, os muitos sons da mastigação e a sensação dos vários músculos da boca envolvidos. Ficou impressionado por sempre ter perdido a sinfonia de gostos e sensações por enfiar comida na boca sem prestar atenção e comer no piloto automático. A experiência toda só levou um minuto.

Eu o parabenizei pela descoberta e escrevi: "Se há tanto prazer, alegria e descoberta em um simples sanduíche de peru, imagine quanto mais está disponível a cada outro passo do seu dia!"

Essa pequena descoberta fez Frank passar a acreditar. A contagem de repetições dele aumentou rapidamente para vinte e trinta, e logo ele chegou a cem. Falei que agora ele estava pronto para levar os parâmetros do Sábio para as reuniões da equipe executiva.

Quando ele apresentou para a equipe a perspectiva do Sábio de aceitar tudo como dádiva e oportunidade, Joe, o prático diretor financeiro, argumentou que aceitar a terrível situação como dádiva levaria a negação, falta de ação e maior declínio. Ele disse com deboche: "Você não pode liderar uma empresa cantando 'Que será, será! Whatever will be, will be.'" (O que acontecer, aconteceu.)

Preparado para esse ceticismo, Frank tinha uma proposta pronta com a qual ele e eu tínhamos concordado. Pelo menos nos três meses seguintes, ele começaria cada uma das reuniões de gerenciamento sênior das manhãs de sexta com a seguinte pergunta: "O que precisamos fazer para que dentro de três anos possamos dizer que a crise atual foi a melhor coisa que podia ter acontecido com nossa empresa?" Essa formulação sugeria uma profecia direcionada para a ação e autorrealizável, em vez de uma abordagem fatalista, passiva e acomodada. Isso enfraqueceu o ceticismo de Joe o bastante para conseguirem ir em frente.

Naquele momento, Kathy, a vice-presidente de marketing, se manifestou e disse que já estava se sentindo um pouco mais energizada e otimista só por considerar que talvez aquela coisa toda não fosse um terrível fiasco e que podia ser uma dádiva disfarçada. Os outros também manifestaram uma mistura de entusiasmo e ceticismo e concordaram em dar uma chance à perspectiva do Sábio.

Em uma reunião subsequente, a equipe concordou em fazer autoavaliações individuais dos Sabotadores. Cada pessoa descreveu que Sabotadores tinha e como estavam atrapalhando. Isso foi feito sem muito empenho, pois os Críticos resistiram ao processo todo. No entanto, os processos ainda tiveram um poderoso impacto. Frank disse que todos ficaram surpresos e aliviados quando Joe disse voluntariamente que seu grande Sabotador era o Controlador, que estava com força total por causa do aumento de estresse. Eles todos tinham tentado dizer a Joe ao longo dos anos que ele era controlador demais, e agora ele finalmente tinha percebido.

A equipe concordou em fazer cem repetições todos os dias e incluir relatórios sobre seus progressos, sucessos e fracassos nas reuniões semanais. Enquanto isso, continuei a trabalhar sozinho com Frank para ajudá-lo a elevar seu QP. Quanto mais progresso Frank tivesse ao acessar os poderes do Sábio, mais poderia ajudar a equipe a fazer o mesmo.

Com o tempo, usamos cada um dos cinco poderes do Sábio para ajudar a virar a mesa.

TER EMPATIA

O Crítico de Frank o torturou desde que as ações da empresa despencaram. As críticas variavam, mas cada uma vinha do Crítico: "Qual é o seu problema? Você devia ter percebido." "Você é um péssimo pai, um péssimo marido e um péssimo CEO." "Você não é tão bom quanto achou que fosse; a maior parte dos seus sucessos deve ter sido pura sorte." Eu desconfiava de que todas as pessoas da equipe estavam sofrendo ataques parecidos de seus Críticos.

Quando sugeri que Frank precisava ativar a empatia do Sábio para neutralizar o incômodo do Crítico, o Crítico dele previsivelmente foi contra. Se Frank tivesse empatia por si mesmo e pelos outros, estaria encorajando erros similares ao que acabara de cometer. Discutimos que essa era uma das grandes mentiras do Crítico. Ter empatia com a dor atual não significava tolerar os erros que contribuíram para ela.

Para acessar a empatia por si mesmo, pedi que Frank fizesse o jogo de visualizar a criança. O Crítico dele era tão insistente que ele não conseguia ter empatia nenhuma por si mesmo apenas visualizando. Assim, sugeri o uso de uma foto atual. Ele encontrou uma foto sua debaixo da árvore de Natal. Estava sorrindo de alegria, gentileza, admiração e curiosidade. A foto mostrava a verdadeira essência de Frank, que estava escondida atrás do comportamento corporativo durão. Pedi que colocasse uma cópia daquela foto no smartphone e olhasse para ela todos os dias. Frank relatou que olhar para a foto tornava mais fácil para ele sentir empatia e apreciação por si mesmo durante os momentos difíceis.

Quando Frank falou com a equipe sobre a importância da empatia, a maior parte das pessoas entendeu o raciocínio, mas não achou fácil se consolar. Elas admitiram serem duras consigo mesmas, achando que era importante para a ambição e o padrão alto.

Frank disse que alguns se sentiram um pouco estranhos no começo quando ele sugeriu o jogo de poder visualize a criança. Mas pouco a pouco viram a conexão entre esse exercício aparentemente irrelevante e a forma como poderiam se retirar dos problemas do momento.

Acessar a empatia por eles mesmos junto com as repetições QP diárias gradualmente fortaleceu os Sábios e enfraqueceu os Críticos; em pouco tempo, a equipe não estava mais se sentindo tão derrotada.

EXPLORAR

Frank é grande fã do livro *Good to Great: Empresas feitas para vencer*.[35] Nesse livro, o autor Jim Collins menciona uma prática de grandes empresas que ele chama de "autópsia sem culpa". Trata-se de uma exploração aberta do

Estudo de Caso: Liderando a si mesmo e uma equipe

que aconteceu com o objetivo de aprender com o erro. A abordagem tem que ser "sem culpa" porque senão a finalidade da descoberta fica severamente limitada pela presença do Crítico e pela tendência dele de procurar o culpado. Costumamos evitar explorações detalhadas do que aconteceu porque a presença do Crítico torna o processo doloroso ou controverso demais.

Para garantir uma "autópsia sem culpa" verdadeira, eles precisavam amplificar o poder do Sábio de explorar, então concordaram em fazer o jogo de poder do antropólogo fascinado. Isso ajudou a manter os Críticos afastados. O que emergiu foi a percepção de que, como resultado de muitos anos de grande sucesso, a equipe tinha ficado segura demais e tinha parado de ser verdadeiramente curiosa. Eles sabiam demais e perderam a "mente de principiante", que é a base do poder de explorar. Em particular, tinham parado de ouvir os sinais sutis que os clientes mandavam sobre os novos tempos. No caso deles, o sucesso tinha gerado confiança demais.

A equipe concordou que cada um, inclusive Frank, ligaria para um cliente que tinham perdido para propor uma conversa profunda sobre o acontecido. Perguntei para Frank o quanto ele e os outros se sentiram animados para ter essas conversas. Ele admitiu que ninguém estava ansiando por elas. Observei que o modo de explorar do Sábio seria uma experiência muito agradável e que qualquer aflição envolvida era manufaturada pelos Sabotadores.

INOVAR

Depois que a equipe explorou mais a dinâmica que sustentava as necessidades dos clientes, o mercado e seus próprios erros no passado recente, todos estavam prontos para dar essas informações e esses conhecimentos para o poder do Sábio de inovar. A equipe sênior de Frank tinha conduzido previamente vários brainstormings para descobrir maneiras de lidar com a condição em contínua deterioração. Quando Frank descreveu o clima e o processo dessas reuniões, ficou claro que os Sabotadores atrapalharam as tentativas deles. Por exemplo, o clima estava mais leve, o que indicava que todo mundo estava sentindo o peso do Crítico. Também ficou claro que o Crítico e o Controlador estavam se unindo para sabotar o processo. Muitos membros da equipe tinham mostrado verbal e não verbalmente que não aprovavam algumas das ideias sugeridas ou tentaram controlar a discussão para que não fossem por caminhos que não queriam.

A inovação em particular depende muito da ativação do Cérebro QP, então Frank abriu a reunião seguinte com um processo guiado de ativação do Cérebro QP de cinco minutos.

Frank também fez alguns cartazes grandes com as palavras "SEM O CRÍTICO" e os colocou pela sala antes da reunião. Para garantir que nenhum Sabotador perturbasse a inovação deles, todos concordaram em seguir a estrutura "sim... e..." para gerar ideias.

Um dos resultados de um processo de inovação livre do Crítico é a geração de um grande volume de ideias. Encaixada no modo de inovação do Sábio, a equipe de Frank gerou quase duzentas ideias em menos de uma hora. Ele disse que conseguiu sentir o momento em que as pessoas passaram completamente para o modo do Sábio. Sem o filtro do Crítico, as ideias vieram com facilidade e velocidade. Era então hora de navegar e escolher uma direção dentre todas as possibilidades.

O erro mais comum cometido nesse processo é que indivíduos e equipes tentam inovar e navegar simultaneamente, o que significa que avaliam cada ideia conforme ela surge. Isso cria uma porta dos fundos por onde o Crítico pode entrar. Felizmente, a equipe de Frank prestou atenção ao meu aviso e separou os dois estágios.

NAVEGAR

Para descobrir as coordenadas da bússola, pedi que Frank fizesse o jogo de olhar para o futuro antes das reuniões da equipe. Pedi que ponderasse sobre a questão: "No final da minha vida, como vou desejar ter me conduzido nesse período, independentemente do resultado?" As respostas vieram imediatamente e o ajudaram a esclarecer os pontos da bússola para esse assunto. Primeiro, ele sabia que desejaria ter usado a crise como forma de se aproximar mais da esposa e dos filhos, em vez de permitir que criasse tensão e conflito. Segundo, ele desejaria ter tratado os funcionários leais com justiça e pensado no bem deles tanto quanto em seu próprio bem. Terceiro, ele iria querer ter mantido a integridade com firmeza, em vez de burlar seus princípios para resolver as coisas.

Com a bússola de navegação pessoal de Frank esclarecida, ele estava pronto para fazer o mesmo com a equipe. Antes de usar o poder de navegação do Sábio, costuma ser bom aplicar um filtro objetivo para reduzir as escolhas para uma quantidade pequena e gerenciável. Uma matriz de duas dimensões costuma ajudar nesse estágio. Para construir a matriz, você determinaria os dois critérios objetivos mais importantes para fazer sua escolha. No caso de Frank, a equipe decidiu que o critério deveria ser o custo de implementação e o impacto do projeto. Isso ajudou a diminuir o número de ideias para cinco que eram de alto impacto e com relativo baixo custo de implementação. Eles consultaram suas bússolas de navegação para escolher entre esses finalistas.

Para descobrir as coordenadas da bússola de navegação, a equipe perguntou: "Anos mais tarde, como vamos desejar termos nos conduzido nessa situação, independentemente do resultado?" Joe, o diretor financeiro que era reservado e conservador, foi o primeiro a falar. Ele disse com empolgação que a pergunta de navegação tinha imediatamente iluminado a escolha para ele. Anos mais tarde, a despeito do resultado, ele desejaria que eles tivessem se mantido firmes e dobrado a aposta da missão original da empresa, em vez de se afastarem dela em uma busca desesperada e oportunista de voltar a ter lucro a qualquer custo.

O desejo de Joe apontava claramente para uma das cinco opções finalistas. Essa opção envolvia voltar à construção da marca da empresa e da oferta de produtos para sua proposição de valor inicial. Joe disse que sabia que as outras ideias mais oportunistas alterariam o DNA da empresa e que, apesar de muitas coisas precisarem mudar, o DNA da empresa não precisava.

Os outros assentiram em concordância: voltar à promessa inicial. Estava ficando claro que parte do que os tinha levado ao problema tinha sido a busca de oportunidades de crescimento, que, apesar de individualmente lucrativas, eram afastamentos da promessa original. A equipe não tinha consultado o Sábio quando navegava as muitas bifurcações do caminho com as quais tinha se deparado e tinha se perdido.

Frank me contou depois que nunca tinha visto sua equipe sênior concordar tão rapidamente com um item crítico com tão pouco esforço e conflito. A facilidade quase o deixou desconfiado do resultado. *Será que pode ser tão fácil?*, ele se perguntou. Eu o lembrei de que dizer "sem dor não há ganho" era uma das muitas mentiras autorrealizáveis do Crítico. O Sábio costuma levar a caminhos que são paradoxalmente mais fáceis e mais produtivos. O Cérebro QP se sente bem quando produz melhores resultados.

O passo da navegação tem um efeito calmante e realista na equipe. Uma pessoa comparou com estar perdido no mar em meio a uma tempestade em uma noite escura e de repente ver o poderoso facho de luz de um farol apontando o caminho para a segurança. Ser guiado pela própria bússola (ou seja, pelos seus mais profundos valores e propósitos) tem esse efeito tranquilizador. O mesmo acontece com equipes.

ATIVAR

Frank e sua equipe sempre tiveram orgulho de serem voltados à ação. Pelo processo QP, eles descobriram que tinham dado tanta ênfase a agir que muitas das rápidas respostas, em retrospecto, tinham sido reagentes e um desperdício — ou mesmo contraproducentes em longo prazo.

Quando conduziram a autópsia sem culpa em suas próprias ações, eles concordaram que tinham reagido erroneamente à urgência com desvario no passado, abrindo inconscientemente a porta para uma tonelada de interferências e ruídos do Sabotador. Discutimos que, com a ativação do Cérebro QP, a pessoa se sente calma, não desvairada, no meio de uma crise urgente e tem ações "puras" com um mínimo de drama Sabotador.

A equipe de Frank gostava da analogia de como lutadores faixa preta de artes marciais e guerreiros samurais centram e acalmam a mente em meio a grandes lutas, para que consigam concentrar toda a sua energia em encarar o perigo. Eles chamaram isso de "ação samurai" e começaram a perguntar uns aos outros se estavam tendo ações samurai ou ações desvairadas.

No final de um retiro de dois dias, durante o qual decidiram o curso de ação, Frank pediu que fizessem o jogo de poder de tomar o lugar dos Sabotadores. A equipe tirou alguns minutos para avaliar que Sabotadores iriam atrapalhar ou atrasar quando a equipe tivesse ações samurai.

Frank foi o primeiro a compartilhar sua resposta. Ele achava que seu Insistente seria o maior obstáculo. As tendências perfeccionistas do Insistente surgiam ainda com mais força em momentos de alto estresse como forma de dar algo que se parecesse com segurança e conforto. A situação do momento estava perfeita para essa tendência. Joe reconheceu que seu Controlador provavelmente seria um grande obstáculo, pois o novo plano colocaria em ação muitas mudanças que ele podia não controlar completamente. Tom, chefe de operações, disse que seu Esquivo seria o maior desafio: ele achava que alguns dos passos requeridos envolveriam conversas potencialmente "desagradáveis", e que sua tendência seria evitá-las. No final dessa incrível discussão aberta, todos ofereceram sugestões e apoio uns aos outros para ajudar a manter os Sabotadores afastados conforme a equipe prosseguisse com a ação samurai.

Agora, estava claro pela energia coletiva e positividade que eles tinham mudado para o vórtice positivo. Uma razão para eu saber disso foi por Frank se sentir energizado pelas interações com os membros da equipe, em vez de exausto, como no passado. As medições QP seguintes confirmaram. O QP de Frank tinha saltado para 79. Todas as pessoas da equipe estavam acima de 70, com Kathy alcançando o incrível valor de 86. O QP da equipe tinha subido para 81, seguramente dentro do vórtice positivo. Os membros da equipe estavam despertando o melhor uns nos outros e ajudando a manter o QP aumentado de cada membro.

Em pouco menos de seis meses, Frank e sua equipe tinham modificado as operações de negócios para o DNA inicial da empresa e tinham apostado nas inovações que consolidavam a liderança deles em seu espaço de mercado redefinido. Dentro de um ano, a margem de lucro se recuperou em 80% dos níveis de antes de despencar, e a receita estava no caminho sólido da recuperação. As ações da empresa se recuperaram completamente em 18 meses. A equipe estava confiante de que a empresa agora tinha uma posição de liderança ainda mais defensiva contra seus competidores em seu espaço redefinido no mercado.

Frank me contou recentemente que sua maior gratidão não era pela recuperação da empresa. Ele estava grato por ter descoberto a natureza autorrealizável do Sábio e por ter exposto os poderes escondidos dos Sabotadores. Disse que, com a força crescente do Sábio, não sentia mais a necessidade desesperada de a empresa ter sucesso para que fosse feliz. O QP elevado tinha permitido que ele visse que a felicidade não dependida das circunstâncias externas da vida. Ele achava paradoxal que sua falta de necessidade de ter sucesso tão desesperadamente estava na verdade promovendo um sucesso maior. Eu garanti que, com os poderes crescentes do Sábio, ele descobriria muitos outros paradoxos assim.

Para refletir

Pense em uma pessoa cujo comportamento você deseja mudar. Quando você interage com ele ou ela, você tem sentimentos de Sábio ou de Sabotadores? Se tem sentimentos de Sabotadores, como eles estão sabotando a mudança que você espera ver na outra pessoa?

CAPÍTULO 11

ESTUDO DE CASO: APROFUNDANDO RELACIONAMENTOS DURANTE O CONFLITO

Há essencialmente três escolhas principais que temos em relação a um conflito. Podemos evitá-lo e negar que ele existe, o que vai fazer com que ele infeccione ao longo do tempo e provoque uma fissura no relacionamento. Também podemos confrontá-lo, com nosso Crítico e outros Sabotadores liderando a briga. Podemos conseguir o que queremos ou negociar um acordo a contragosto, mas isso provavelmente custará o próprio relacionamento. A terceira maneira, a do Sábio, é aceitar o conflito como dádiva e usar o poder dele para fortalecer o relacionamento. Se um casal ou uma equipe me diz que o relacionamento é nota 10 porque eles não têm conflitos, digo que é no máximo 6 ou 7. Você só consegue chegar a 10 ao dominar a dádiva do conflito.

A abordagem do Sábio em situações de conflito é idêntica tanto para situações pessoais quanto para situações de relacionamentos profissionais e equipes. Neste capítulo, vamos primeiro ver a abordagem do Sábio em um conflito pelo estudo de caso de um relacionamento pessoal, uma coisa com a qual podemos nos identificar facilmente. Vamos então explorar como as mesmas técnicas exatas se aplicam à dominação da dádiva do conflito em relacionamentos profissionais.

A INTERFERÊNCIA DOS SABOTADORES EM RELACIONAMENTOS

Antes de chegarmos ao estudo de caso, vamos olhar para o modo como os Sabotadores interferem nos relacionamentos. Sem um forte Sábio, os Sabotadores costumam estar centralmente envolvidos em nossa abordagem do conflito. Aqui estão alguns exemplos de como os Sabotadores podem usar as forças negativas para alimentar um conflito.

Crítico: Seu Crítico leva você a fazer um monte de suposições sobre as intenções da outra pessoa. Essas suposições costumam ser falsas e deixam a outra pessoa na defensiva. Um poderoso Crítico também faz você ouvir seletivamente, procurando apenas evidências para provar que você está certo.

Controlador: O Controlador tende a intimidar os outros em um conflito. Ele pode deixar você brigão e gerar um estilo agressivo que deixa os outros desconfortáveis. O Controlador também pode fazer você se fechar para os outros e fazer com que sintam que você é inflexível e só está comprometido com o seu jeito, mesmo que essa não seja sua verdadeira intenção.

Insistente: A certeza do Insistente quanto ao jeito certo não costuma ser compartilhada pelos outros. Se seu Insistente está no controle, você pode parecer hipócrita, rígido ou exageradamente perfeccionista.

Esquivo: O Esquivo afasta sua atenção do conflito. Você vai torcer para que desapareça ou vai se convencer de que não é importante. Você pode aliviar e adoçar sua mensagem ao ponto de a outra pessoa não entender a severidade do problema até ele ter fugido do controle.

Hiper-Realizador: O Hiper-Realizador pode deixar você obcecado demais pelo objetivo, fazendo com que perca a dádiva do conflito que constrói o relacionamento. A outra pessoa pode sentir que você a está tratando apenas como meio de chegar ao seu objetivo.[36]

Prestativo: O Prestativo impede você de pedir o que realmente quer ou precisa e encoraja você a se acomodar demais à outra pessoa durante qualquer conversa sobre o conflito. Isso só faz você se sentir ressentido depois.

Vítima: Um forte Sabotador Vítima faz você levar demais as coisas para o lado pessoal. Você pode passar tempo demais falando e insistindo em todas as coisas erradas que foram feitas a você. Os outros podem perder a paciência e escolher se concentrar no que deve ser feito para o futuro.

Inquieto: De forma similar ao Esquivo, o Inquieto faz você evitar a dor e o drama do conflito. Você pode escolher mudar de foco para coisas mais excitantes e agradáveis e ter dificuldade em explicar as questões do conflito.

Hipervigilante: Seu nível de percepção do perigo vai provavelmente estar calibrado demais quando o Hipervigilante estiver no comando. Forçar o mesmo nível de vigilância nos outros é injusto e coloca um peso oneroso sobre eles.

Hiper-Racional: Um conflito raramente envolve apenas dados e lógica, que é o que o Hiper-Racional prefeririria. A maneira "lógica" não é necessariamente a resposta, mas a insistência do Hiper-Racional de que é pode fazer você ser percebido pelos outros como frio, distante ou intelectualmente arrogante.

No estudo de caso a seguir, você vai ver as impressões digitais dos Sabotadores em um conflito. Também vai ver como cada um dos cinco poderes do Sábio pode mudar completamente a dinâmica de um conflito típico.

PATRICK E SUSAN

Patrick, o CEO de uma empresa de serviços financeiros globais, inicialmente procurou minha ajuda com o conflito desenfreado de sua equipe executiva sênior. Depois que descrevi a abordagem do Sábio para o conflito, Patrick confessou que sentia uma necessidade ainda mais urgente de usar a abordagem no relacionamento dele com Susan, a esposa havia 21 anos. Depois que me encontrei separadamente com Susan, nós três concordamos em passar um dia de retiro juntos para trabalharmos no relacionamento deles.

Nós nos reunimos em uma bela suíte de hotel com terraço com vista para o Pacífico. Apesar do lindo cenário, daria para cortar a tensão entre eles com uma faca. A energia negativa dos Sabotadores invadiu o quarto. Isso não me surpreendeu, pois a pontuação QP do relacionamento tinha o baixíssimo valor de 30. Eles se sentaram em lados opostos do sofá. Susan abraçou uma almofada como que em legítima defesa contra os ataques que esperava. Patrick se sentou de braços cruzados, com aparência impassível. Eles não olharam um para o outro enquanto falavam e pareciam estar se comunicando apenas por meio do que diziam a mim.

Pedi que descrevessem o estado atual do relacionamento. Susan falou primeiro. Ela achava que Patrick era ausente como marido e como pai do filho de 17 anos e da filha de 14. Ele sempre fazia do trabalho sua prioridade, tanto que tinha recentemente cancelado no último minuto uma viagem em família durante as férias de primavera dos filhos. Em casa, Patrick costumava mostrar mais interesse pelo smartphone do que pela família. Susan se sentia praticamente uma mãe solteira, pois tinha que lidar com as atitudes dos adolescentes sozinha. A lista de reclamações era longa.

Como costuma ser o caso em conflitos intensos, Patrick não reconheceu nenhuma das preocupações de Susan. Ele simplesmente contra-atacou. Ele achava que a vida de Susan era fácil e que ele carregava todo o peso de sustentar a família. Achava que devia ficar claro que o trabalho era sua prioridade. Ele teve que cancelar a viagem para ir a uma reunião de emergência. Nos últimos anos, todas as conversas com Susan ou com as crianças rapidamente giravam em tornos das reclamações deles e viravam brigas. Na opinião de Patrick, fazia sentido que ele preferisse passar o tempo com o smartphone, em vez de ter outro doloroso diálogo após um dia difícil de trabalho. Ele sentia pressão constante das obrigações profissionais e pessoais e se perguntava quando finalmente teria algum reconhecimento por tudo o que fazia. A lista dele pareceu tão longa quanto a de Susan, e a raiva era tão palpável quanto a dela.

Deixei que o diálogo seguisse entre um e outro por um tempo. Depois de estar claro que eles estavam em uma discussão circular, perguntei qual porcentagem das preocupações eles achavam que tinha sido reconhecida e compreendida pelo outro. Os dois disseram quase zero.

Eis um dos problemas principais dos conflitos: estamos tão ocupados dizendo para a outra pessoa o que queremos que ela ouça que costumamos ouvir muito pouco. Quando não nos sentimos ouvidos, provavelmente vamos nos repetir em tom mais alto e de ângulos ligeiramente diferentes. A maior parte das pessoas em conflito começa a parecer um disco quebrado aos ouvidos do outro, pois se repete constantemente porque não se sente ouvida. O problema do ovo e da galinha em conflitos é que, até nos sentirmos ouvidos, não estamos dispostos a escutar. Assim, o círculo vicioso continua.

DE POSIÇÃO A ASPIRAÇÃO

Para mostrar a eles por que se sentiam tão presos, desenhei em uma folha de papel um iceberg parcialmente submerso e expliquei que representava as três camadas de informação em um conflito. (Ver Figura 18.) A parte visível do iceberg, *Posição*, representava as exigências que faziam um para o outro. Por exemplo, a posição de Susan era que ela queria que Patrick não fosse à reunião e participasse da viagem da família. A posição de Patrick era que ele queria que Susan entendesse a necessidade da presença dele na reunião de emergência.

O problema com essas posições é que elas quase sempre criam oposição automática; para cada posição, existe uma outra, oposta. O conflito vive no nível da posição e raramente é resolvido ali. Nesse nível, um lado ou outro precisa abrir mão de sua posição completamente, ou os dois precisam encontrar um meio-termo, o que resultaria em os dois sentirem que abriram mão. Essa não é uma maneira ideal de resolver conflitos sobre assuntos grandes.

As posições costumam ser sustentadas e defendidas pelos Sabotadores, que, pela sua própria natureza, não estão interessados na resolução. Os Sabotadores só estão interessados em estarem certos.

Fig. 18   O iceberg do conflito

As posições das pessoas costumam ser alimentadas pelas secretas *Suposições*. Elas costumam incluir muitas suposições sobre as intenções do outro. Mesmo sendo especialista nesse campo, percebo a dificuldade de supor corretamente as necessidades e as intenções do outro. Aprendi que é crítico verificar com o outro em vez de supor. As suposições das intenções do outro costumam ser incorretas e oferecem boa parte do combustível para os conflitos. Nossos Críticos têm muito mais certeza sobre as verdadeiras necessidades e intenções do outro do que nossos dados e experiência prometem.

As *Suposições* que alimentam nossas posições detêm a chave para colher a dádiva do conflito. Apesar de ser quase uma reação humana automática para opor a posição rígida do outro, reagimos de maneiras bem diferentes a aspirações, com as quais é muito difícil discutir. Cada um de nós está pronto para promover as aspirações mais profundas do outro. Considere, por exemplo, a frequência com que você automaticamente torceu por estranhos sobre quem leu ou viu em um filme e que correm atrás de uma aspiração com dedicação. Há um denominador comum entre seres humanos no nível de aspiração. A aspiração é manifestada pelo Sábio de uma pessoa e apreciada pelo Sábio na outra.

EXPLORAR

Para facilitar a transição para o modo de explorar do Sábio, propus uma estrutura rígida que era uma variação do jogo de poder do antropólogo fascinado. Para manter os Sabotadores longe, Susan e Patrick se revezariam como falante e ouvinte. Susan, a primeira a falar, teria liberdade para falar por cerca de três minutos. No final dos três minutos, Patrick tinha que repetir exatamente o que Susan tinha dito para mostrar que ouviu corretamente. Patrick só se tornaria o falante quando Susan reconhecesse que tinha sido ouvida completamente. Naquele ponto, os papéis se reverteriam e Susan teria que ouvir Patrick. Assim, o ouvinte *não teria escolha* além de ouvir bem, sem interferência do Sabotador.

Pedi a Susan para falar mais uma vez durante três minutos sobre a questão da viagem. Depois de três minutos, pedi a Patrick que repetisse o que tinha ouvido. Ele repetiu o que achou que tivesse ouvido. Perguntei a Susan se Patrick tinha ouvido corretamente. Susan observou com precisão que Patrick tinha deixado de fora várias coisas que ela mencionou. Assim, pedi que ela repetisse essas coisas até que Patrick conseguisse relatá-las.

Em seguida, pedi que Patrick pensasse por um segundo e refletisse sobre o motivo de ter deixado passar quase metade das coisas que Susan mencionou na primeira vez. Para crédito dele, ele admitiu que estava ocupado respondendo mentalmente aos primeiros comentários de Susan e estruturando suas respostas, e, como resultado, tinha perdido parte das últimas coisas que ela mencionou. Parabenizei Patrick pela honestidade e introspecção precisa. E de fato, no começo desse exercício, os Sabotadores ainda estão fortes e interferem com nossa capacidade de realmente ouvir o outro.

Logo chegou a vez de Susan escutar. Ela foi um pouco melhor do que Patrick ao relatar o que tinha ouvido. Mas a peguei inserindo algumas interpretações e respostas. Isso também é uma infiltração comum dos Sabotadores nos primeiros estágios do processo. Susan também admitiu a dificuldade de apenas ouvir e evitar responder mentalmente.

Depois de várias rodadas ouvindo e falando, ficou claro que a interferência dos Sabotadores estava minimizada. Eu conseguia sentir a energia do poder de explorar do Sábio no aposento. A temperatura energética subiu e a linguagem corporal de Patrick e Susan relaxou. Eles agora estavam voltados um para o outro quando falavam e ouviam.

Eles estavam prontos para um pouco de exploração avançada, então dificultei a situação. Pedi que Patrick repetisse não apenas os dados que tinha ouvido por último de Susan, mas também os sentimentos implicados ou captados entre as palavras dela, na energia, no tom ou na linguagem corporal. Na verdade, eu estava pedindo que ele sintonizasse no Canal QP, em vez de apenas no Canal de Dados. Fazer isso exigia o uso do Cérebro QP, e àquela altura eu sabia que os Cérebros QP de Patrick e de Susan estavam ativados o bastante para aguentar.

Depois de uma pausa, Patrick aumentou seu relato dizendo para Susan: "Você parece ter ficado muito magoada e rejeitada pelo que fiz."

Permiti que esse poderoso momento fosse absorvido. Susan olhou para baixo e parou de apertar a almofada. Perguntei como ela estava se sentindo. Ela disse que era a primeira vez em muito tempo que se sentia ouvida e reconhecida por Patrick. Eu conseguia ver o balão de ar quente da raiva dela se esvaziando um pouco. Ela afundou mais um pouco no sofá e seus ombros relaxaram.

A regra QP da comunicação

Nesse ponto, desenhei os Canais de Dados e QP para ajudar a ilustrar a regra QP da comunicação:

As pessoas não se sentem verdadeiramente ouvidas até que sua comunicação pelo Canal QP seja sentida e reconhecida. Ser ouvido e respondido no Canal de Dados não é adequado.

Essa frase acendeu uma luz imediata para os dois, e eles começaram a assentir com entendimento. Patrick disse que finalmente conseguia ver o desenho de tantas discussões fúteis e circulares deles. Susan reclamava de algumas coisas durante alguns minutos e Patrick fazia seu melhor para entrar no modo de ouvinte e permanecer lá. Ele então respondia imediatamente com uma possível solução para o problema que Susan tinha articulado. A nova percepção dele era que ele só estava ouvindo e respondendo o Canal de Dados.

Susan respondeu: "E isso me deixou furiosa por ele não estar realmente me ouvindo e nem reconhecendo meus sentimentos. Eu não queria soluções. Até achava insultante que ele achasse que eu precisava da brilhante mente dele para resolver nossos problemas unilateralmente. Ele me tratava como uma funcionária procurando-o com um problema. Mais do que tudo, eu precisava me sentir ouvida. Até hoje, não consigo me lembrar da última vez em que me senti ouvida ou vista ou reconhecida em nossas discussões."

O incrível foi a forma como Susan disse isso tudo, com calma e clareza; não havia sinal da amargura do Crítico que tinha dominado parte das declarações anteriores. A voz perspicaz do Sábio estava dando nomes aos bois, e o jogo de culpa e vergonha do Crítico não estava por perto. Eu sabia que a atitude defensiva do Sabotador de Patrick não seria despertada.

Pedi que Patrick pensasse no motivo de fazer o que fez. Ele disse que se sentia mais à vontade com resoluções de problemas racionais e menos à vontade no nível do que eu estava chamando de Canal QP de emoções, aspirações e necessidades mais profundas. O Canal de Dados e a mente racional eram as ferramentas que ele conhecia melhor. Ele achava que estava fazendo um favor para si mesmo e para Susan ao oferecer soluções rápidas que podiam encerrar um conflito doloroso e complicado.

Perguntei a Patrick se agora ele conseguia entender melhor por que até suas soluções mais brilhantes pareciam estar alcançando ouvidos surdos. Ele disse que achava que, até Susan se sentir ouvida, ela não estava disposta a ouvir o que ele tinha a dizer. Susan disse que talvez fosse verdade, mas não era uma decisão feita conscientemente. Não era dente por dente. Ela não estava escolhendo não ouvir até ser ouvida. Parecia ter acontecido de maneira automática.

Lembrei a eles novamente sobre o problema do ovo e da galinha da comunicação: se não nos sentimos ouvidos, não ficamos dispostos a ouvir o outro. Sugeri que seria um ato de generosidade alguém romper esse círculo vicioso e ser o primeiro a realmente ouvir o outro apesar de acreditar não ter sido ouvido. Alguém tem que tomar a iniciativa de afastar o Crítico e buscar o Sábio, estendendo uma mão convidativa para ajudar o Sábio do outro a emergir. O conflito é o Crítico de uma pessoa gritando com o Controlador do outro, ou a Vítima reclamando com o Esquivo etc. Os Sabotadores não têm interesse em resolução.

Depois de várias rodadas de três minutos revezando entre ser o ouvinte e o falante, o modo de explorar pareceu gerar frutos significativos de

INTELIGÊNCIA POSITIVA

descoberta. Como costuma ser o caso, Susan e Patrick descobriram que muitas de suas suposições prévias sobre as necessidades e as intenções do outro tinham sido falsas. Eles pareciam entender bem mais sobre as verdadeiras intenções e aspirações do outro. A fase de explorar costuma perder o gás depois de um tempo, e fica claro que cada lado não tem mais nada a acrescentar e se sente completamente ouvido. Ficou óbvio que podíamos seguir em frente.

TER EMPATIA

Depois de anos de conflito, as pessoas tendem a não querer abandonar as mágoas de seus Sabotadores e ter empatia pelo outro. Isso requer uma transição significativa para o Cérebro QP, mais ainda do que tínhamos conseguido até então. Guiei Susan e Patrick por 15 minutos de ativação do Cérebro QP, para acelerar o progresso. Eles agora seriam mais capazes de usar o poder de empatia do Sábio.

Sugeri que demonstrar empatia pelo outro é um ato de generosidade. É questão de se colocar no lugar do outro, não só de ver, mas também de sentir o mundo pelo ponto de vista do outro. A empatia é questão de sentimento, não de pensamento e nem de análise.

Costumamos ficar relutantes em ter empatia pelo ponto de vista de outra pessoa porque tememos que, ao fazer isso, estaremos legitimando e encorajando a posição dela e minimizando a nossa. Eu precisava que Susan e Patrick dissociassem essas duas coisas. Ter empatia por uma pessoa que acabou de bater com o dedão do pé não significa que você está recompensando o descuido dela nem encorajando que faça novamente. Apenas significa que você está sentindo a dor dela e demonstrando isso. A empatia deve ser dissociada da resolução de um problema: é um poder separado do Sábio que torna as pessoas mais dispostas a levar os poderes dele para suas interações, tais como a inovação, a navegação e a ativação.

Essa distinção pareceu tranquilizar as preocupações de Susan e Patrick sobre ter empatia total pelo outro. Baseados em descobertas que fizeram durante o modo de explorar, pedi que se colocassem no lugar do outro e relatassem como deve ser do ponto de vista dele. Sugeri de novo que a empatia do Sábio era um grande ato de generosidade, principalmente para quem tomava a iniciativa.

Susan se sentiu inspirada por isso. Ela se ofereceu para ir primeiro. Ela refletiu e começou calmamente: "Patrick, no seu lugar só posso imaginar

Estudo de Caso: Aprofundando relacionamentos durante o conflito

como deve ter sido difícil tomar a decisão de cancelar a viagem. No seu lugar, percebo algumas necessidades ocultas que podem ter feito parte do conflito. Uma necessidade é a de cuidar de sua família financeiramente. Entendo depois da nossa conversa de hoje o quanto isso pesa sobre você. Suponho que outra necessidade relacionada ao trabalho pode ser a obrigação que você sente perante seus funcionários e sua comissão diretora. Mas há também as crianças e as férias sobre as quais elas falam e planejam há meses. Nesse aspecto, posso imaginar o sentimento de tristeza e culpa em dar a notícia para sua família, principalmente para Melody, que ficou tão abalada. Consigo imaginar a dor e o sentimento de estar sendo julgado quando todos ficaram com raiva de você e disseram que você estava sendo egoísta."

Foi interessante para mim reparar como essas palavras fluíram de Susan, aparentemente sem esforço. Foi um grande contraste com o discurso mais controlado, cauteloso e elaborado de quando começou. Ficou claro para mim que uma parte diferente do cérebro dela, o Cérebro QP, tinha ido para o banco do motorista. Com o Cérebro QP, costumamos vivenciar um fluxo de pensamentos, palavras e ações mais fácil.

Patrick pareceu emocionado. Ele era orgulhoso demais para demonstrar, então se mexeu um pouco, mordeu os lábios, limpou a garganta e se recompôs, olhando para baixo o tempo todo. Eu sabia que estava profundamente tocado e em sintonia com seus sentimentos, o que não era comum para ele. Eu não queria fazer uma pergunta que fosse levá-lo de volta à sua zona de conforto de análise racional, então permiti alguns minutos de silêncio para que os dois pudessem permanecer na experiência emocionante.

Em seguida, perguntei a Patrick como ele se sentia. Ele disse que quase desabou quando ouviu Susan dizer que imaginava que ele devia ter se sentido magoado e julgado. Ele nunca tinha admitido esses sentimentos, nem para si mesmo e nem para Susan. Antes, só tinha manifestado raiva. Mas quando Susan descreveu como achava que ele tinha se sentido, ele imediatamente se deu conta de que ela estava certa, e a raiva dele foi a maneira habitual de demonstrar seus sentimentos de mágoa e rejeição. Patrick se sentiu tocado porque, na disposição de Susan de ter empatia por ele, ele acabou tendo acesso a seus sentimentos mais profundos.

Patrick estava descrevendo o fenômeno comum do Sábio de uma pessoa ativar o Sábio de outra. O Cérebro QP de uma pessoa, incluindo os Circuitos de Empatia, amplifica o Cérebro QP na outra. Como o Circuito da Empatia funciona nos dois sentidos, Patrick estava agindo com mais empatia não só com Susan, mas consigo mesmo.

Em seguida, pedi a Patrick que relatasse como era estar no lugar de Susan. Patrick ficou em silêncio por um bom tempo. Em seguida, começou a falar como se ainda estivesse absorto em pensamento. Disse que o que tinha acabado de perceber ao se colocar no lugar de Susan era o quanto devia ser difícil para Susan se sentir tão dependente dele. Os dois tinham se conhecido em uma faculdade de administração de alto nível, e a carreira de marketing de Susan depois da faculdade foi ainda mais bem-sucedida do que a de Patrick. Ela tinha chegado a gerente de marca em uma grande empresa de bens de consumo em tempo recorde e teve salário mais alto do que o de Patrick durante um tempo. Mas então vieram os dois filhos em um intervalo de três anos. Susan tinha voltado a trabalhar um ano depois do nascimento de Melody, mas não sentiu a mesma energia e não quis delegar a educação dos filhos a uma babá. Assim, decidiu parar de trabalhar e ficar em casa com eles.

Susan nunca tocara no assunto com ele, e Patrick ficou pensando o quanto devia ser difícil para uma mulher do nível de inteligência e ambição dela se sentir dependente dele financeiramente. Ele ficou perplexo com essa percepção. Ele elaborou um pouco mais sobre isso e depois fez silêncio, perdido em pensamentos.

Eu não precisei olhar para Susan para saber que isso devia tê-la afetado. Permiti mais um minuto de silêncio para que ela processasse essa generosa oferta de empatia de Patrick. Ela manifestou tanto surpresa quanto gratidão por Patrick ter tido essa percepção do nada (o que, mais uma vez, é uma característica do Cérebro QP). Ela explicou que lutava com as questões de identidade e valor nos meses recentes, sentindo um pouco de culpa quanto às escolhas que fez. Ela se perguntava se tinha fugido dos desafios do trabalho ou se tinha feito uma escolha positiva de se concentrar na criação dos filhos. Perguntava-se se tinha energia e motivação para uma segunda carreira. Ela chamou isso de sua ardente crise de meia-idade e sugeriu que tinha tido ressentimento de Patrick e o culpado por parte de sua situação, apesar de ele sempre ter apoiado qualquer escolha que ela fizesse. Ela agora percebia que isso era parte do que alimentava a raiva dela por Patrick quando ele parecia dar uma prioridade maior à carreira do que à família. (Essa foi uma suposição que ela fez sobre Patrick que ficou esclarecida durante o processo de exploração.)

Com esse tipo de comunicação com empatia, agora ficava claro que o Sábio estava completamente ativado nos dois pelos passos de explorar e ter empatia. Agora, estávamos prontos para seguir para a inovação.

INOVAR

Quando o conflito é abordado no nível de posição, o topo do iceberg, só há dois caminhos. Ou uma pessoa perde e a outra ganha, ou os dois cedem e abrem mão de alguma coisa importante para si. Nenhuma dessas alternativas é atraente. A abordagem do Sábio não é ceder. É ir mais fundo na pirâmide para descobrir necessidades e aspirações escondidas e gerar soluções criativas que falam a essas necessidades e aspirações para os dois indivíduos. É questão de expandir a torta antes de dividi-la.

Susan e Patrick tinham descoberto muito sobre as aspirações um do outro. Patrick aspirava continuar a ser um CEO responsável, que para ele era referente ao seu papel de provedor. Queria encontrar uma maneira de equilibrar melhor esse papel com o de pai e marido, para que Susan e os filhos não se sentissem enganados e nem com menos prioridade. Para Susan, estava claro que ela aspirava reconquistar seu respeito próprio como líder inteligente e eficiente. Ela não sabia ainda se isso envolveria voltar a uma carreira de meio período ou de tempo integral.

A essa altura, o casal tinha a informação de que precisava para entrar no modo de resoluções criativas para os problemas usando o poder do Sábio de inovar. A energia do Sábio estava firmemente estabelecida entre eles, o Crítico não se encontrava nas redondezas e o Cérebro QP estava completamente ativo. Eles encontravam-se no vórtice positivo, e podíamos sentir a força da energia elevadora. Portanto, não senti necessidade de dar a eles qualquer estrutura, como o jogo de poder "sim... e...", para impedir a interferência do Sabotador. Só dei um lembrete de que a fase de inovar seria mais bem-sucedida se eles deixassem completamente de fora qualquer avaliação e apenas se concentrassem em ter o máximo de ideias possível sem se preocupar se eram práticas.

NAVEGAR

Depois de 45 minutos, a fase de inovar perdeu fôlego. Sem a interferência do Sabotador, uma tonelada de ideias foi gerada, e Susan e Patrick precisavam fazer algumas escolhas. Para identificar as coordenadas apropriadas para usarem a bússola de navegação, sugeri o jogo de poder de olhar para o futuro e fiz a seguinte pergunta: No final de _____, ao olhar para trás, como eu gostaria de ter me conduzido, independente do resultado? Eles precisavam escolher a coisa apropriada para colocar na lacuna. No final de um ano, no final da vida da empresa, no final do período em que os filhos ainda morassem com eles, no final da vida?

Considerando a natureza de longo alcance das aspirações que eles estavam considerando, os dois escolheram "no final da vida" como forma de avaliar suas opções. Isso os ajudou a delimitar e priorizar as escolhas para uma quantidade gerenciável.

Para Patrick, uma ação era separar períodos de tempo na agenda que seriam designados como momentos de família. Ele seria ativo para alertar a equipe e o comitê diretor quanto a esses compromissos e declarar sua intenção de manter limites para proteger esses momentos. Articularia os motivos pelos quais achava que seria um líder mais eficiente como resultado. Para começar, compensaria a viagem cancelada e planejaria uma viagem surpresa para a família durante duas semanas no verão. Essas seriam as férias mais longas deles juntos em anos.

Uma das ações de Susan seria reativar seus contatos perdidos com o grupo de amigos da faculdade de administração, muitos dos quais agora se encontravam em posições de liderança. Esse seria um passo-chave para tentar responder se readquirir o respeito próprio como líder inteligente e eficiente envolveria uma carreira de meio período ou em tempo integral.

ATIVAR

Agora, precisávamos determinar o que seria necessário para passar para a pura ação do Sábio, sem a interferência e o drama dos Sabotadores. Eu propus o jogo de poder de tomar o lugar dos Sabotadores e pedi a Susan e Patrick que refletissem sobre seus Críticos e Sabotadores cúmplices, prevendo como tentariam sabotar suas ações. Antes do retiro, eles fizeram a avaliação dos Sabotadores, e agora revisamos os resultados por alguns minutos antes de prosseguir.

Patrick previu que seu Controlador tentaria convencê-lo do plano para alcançar o equilíbrio maior e deixá-lo nervoso por delegar o que precisaria delegar para poder ter tempo livre. Pedi que ele previsse o que a voz diria em sua cabeça. Ele sugeriu coisas como: "Tudo pode desabar na sua ausência e o dano ser irreparável", "E se as pessoas tiverem sorte e tudo for bem na sua ausência?" e "E se todo mundo ao seu redor começar a ficar preguiçoso e a enrolar?".

Como o Cérebro QP de Patrick agora estava altamente ativado, pedi que ele considerasse como o Sábio contestaria essas frases. Ele tinha uma resposta pronta para cada. Por exemplo, disse que, se as coisas desabassem na ausência dele, ele poderia transformar isso em dádiva de duas maneiras. Isso despertaria e obrigaria algumas pessoas a agirem para ocupar o vácuo criado pela ausência dele. Também revelaria as pessoas que não eram capazes ou não estavam interessadas em ter trabalho, funcionários que talvez não fossem mais um bom investimento. As duas coisas contribuiriam para construir uma equipe de liderança mais forte.

Susan sugeriu que seu Crítico e seu Esquivo juntos tentariam atrapalhar suas ações. Disse que o Crítico a deixava constrangida de falar com os ex-colegas bem-sucedidos sobre a escolha de fazer um hiato na carreira. O Esquivo usaria esse constrangimento como desculpa para adiar o contato com eles.

Pedi que ela previsse o que sussurrariam em seus ouvidos. Ela disse que diriam coisas como: "Talvez você não seja tão inteligente quanto pensou que fosse", "Talvez você tenha sido preguiçosa e medrosa demais para voltar ao trabalho. As crianças foram apenas uma desculpa" e "Seus colegas vão ficar entediados com você agora. Vocês têm tão pouco em comum".

Susan também tinha respostas do Sábio prontas para esses pensamentos. Eles agora estavam prontos para passar para a ação.

PRESERVANDO O IMPULSO

Eu tinha ajudado a energizar os Cérebros QP de Susan e Patrick durante nosso retiro, que deu a eles maior acesso aos seus Sábios. A questão era como manter esse acesso além do retiro e manter o impulso dado.

Os dois concordaram em fazer cem repetições QP todos os dias. Também concordaram em dar um tempo durante qualquer conflito grande que parecesse estar saindo de controle e passar para a estrutura de audição do antropólogo fascinado que tínhamos treinado.

Tivemos um novo encontro três meses depois do retiro. A pontuação QP do casamento de Susan e Patrick tinha aumentado para 77, então eu soube que o relacionamento estava sendo impulsionado pelo vórtice positivo. Susan e Patrick agora estavam cientes de que nosso retiro tinha marcado uma virada no relacionamento deles. Eles aprenderam a aceitar, em vez de evitar as áreas de conflito como forma de aprofundar continuamente o relacionamento. Disseram que os dois voltaram aos velhos hábitos às vezes. Em algumas ocasiões, tiveram brigas feias em que ficaram zangados demais durante um dia para seguir a estrutura sobre a qual tínhamos concordado.

Mas, em geral, se recuperaram bem mais rápido desses contratempos e tentaram transformar até aquelas brigas em oportunidades de aprendizado contínuo. Isso indicava que os músculos do Sábio estavam ficando mais fortes pela prática.

O glacê do bolo foi o relato de que os músculos do Sábio que eles tinham desenvolvido para lidar com os desafios do relacionamento agora estavam compensando em outras áreas da vida. Isso ficou evidente no feedback anual de Patrick da empresa; ele recebeu elogios por ser um ouvinte e líder mais reflexivo. Tive conhecimento disso em primeira mão, é claro, pois estávamos trabalhando juntos para ajudar a equipe dele a aprender como controlar o poder dos conflitos da equipe usando as mesmas técnicas.

CONFLITOS DE EQUIPE

Os passos para controlar a dádiva do conflito em ambiente profissional são idênticos aos que exploramos até aqui, embora as seguintes considerações adicionais sejam úteis:

- **Ativação do Cérebro QP:** Se a energia e a atmosfera de uma reunião de equipe parecem negativas e carregadas de energia de Sabotadores, você vai ter uma batalha morro acima para tentar fazer cada pessoa mudar individualmente. Isso acontece porque a equipe está coletivamente presa no vórtice negativo. Nessa situação, recomendo um exercício de ativação do Cérebro QP de cinco a 15 minutos para ajudar a silenciar as vozes dos Sabotadores e a dar a todos melhor acesso à sabedoria de seus Sábios antes de prosseguir.
- **A Regra de Conflito 80-20:** É raro existir um conflito em que alguém esteja 100% errado. Em geral, digo para as pessoas em conflito se lembrarem de que têm pelo menos 20% de culpa. Encoraje as pessoas a passarem de tentar provar os 80% de culpa da outra pessoa para descobrir os 20% com que estão contribuindo. Isso muda o foco da conversa da culpa do Crítico para a exploração e curiosidade do Sábio.

  Como forma de as pessoas explorarem suas contribuições de 20% para o conflito da equipe, peça que cada pessoa na equipe avalie seus próprios Sabotadores e compartilhe a forma como alimenta conflitos.

- **Conflitos como dádiva:** Algumas equipes e muitos indivíduos dentro delas têm grande aversão a admitir abertamente que existe um conflito em andamento. O conflito então se torna o grande elefante na sala que todo mundo tenta desesperadamente evitar. Todas as pessoas deviam ser encorajadas a nomear cada elefante na sala. As pessoas estarão bem mais dispostas a fazer isso se virem que os conflitos podem ser transformados em dádivas.

É impossível um relacionamento, seja pessoal ou profissional, alcançar seu potencial total sem abraçar e controlar o poder dos conflitos que surgem inevitavelmente. Deixe que o Sábio mostre o caminho.

Para refletir

Que relacionamento você mais gostaria de melhorar? Como seria estar no lugar dessa pessoa com relação a esse relacionamento? Seja o mais preciso e generoso que puder ao se colocar no lugar dela.

CAPÍTULO 12

ESTUDO DE CASO: VENDER, MOTIVAR, PERSUADIR

Em um dos meus seminários de liderança, peço para todo mundo que trabalha com vendas levantar a mão. Algumas se levantam, mas a maioria, não. Em seguida, pergunto de novo: "Quantos de vocês trabalham com vendas?" Algumas outras mãos se levantam. Pergunto uma terceira vez e espero. A princípio, há confusão e hesitação. Depois de um tempo, todo mundo entende e levanta a mão. É quando digo enfaticamente: "Todos trabalhamos com vendas."

Vender, persuadir e motivar são essencialmente o mesmo. Se você não é vendedor, pense em "vender" suas capacidades na próxima vez em que estiver concorrendo a uma promoção. Ou "vender" uma ideia para seu chefe sobre de que outra maneira as coisas poderiam ser feitas no seu departamento. Ou "motivar" um colega a trabalhar em seu projeto em vez de em outro. Ou "persuadir" seu cônjuge a deixar você ser você mesmo em vez de ficar tentando mudá-lo. Ou "persuadir" sua filha adolescente a ser mais cuidadosa com a segurança física depois de uma noite em uma festa. Cada uma dessas coisas opera sob os mesmos princípios.

Neste capítulo, vamos usar o estudo de caso de uma equipe de vendas para ilustrar a abordagem QP para vender, persuadir e motivar. Por simplicidade, vamos nos concentrar em "vender" e "clientes", na confiança de que você consegue estender os conceitos para persuadir e motivar. Antes de apresentar o estudo de caso, vamos explorar os três princípios QP de vendas.

O PRIMEIRO PRINCÍPIO QP DE VENDAS

O primeiro princípio QP de vendas é que o Canal QP é mais importante para as vendas do que o Canal de Dados.

A maior parte de nós não está ciente ou não está disposta a admitir que compramos baseados em emoção e intuição, não puramente em dados objetivos e lógica. É uma coisa que vendedores e anunciantes bem-sucedidos sabem bem. O Canal QP nos guia conforme tomamos decisões de compras, enquanto o Canal de Dados vai atrás para justificar a escolha e sustentar a ilusão de racionalidade e controle. Como vendedor, a informação e a análise do Canal de Dados precisam ser boas o bastante para fazer você entrar, mas a verdadeira venda acontece devido à influência do Canal QP.

Vamos analisar, por exemplo, um tipo altamente racional que fica completamente apaixonado por um Porsche vermelho quando faz o test-drive. Em seguida, ele se dedica a uma análise exaustiva da construção, do desempenho, do valor de venda, da eficiência e do impacto ambiental até ter dados corroborativos o suficiente para fingir que sua mente racional está decidindo que ele deve comprar. Ele não admite que a decisão foi feita no momento que sentiu a onda de adrenalina do test-drive.

Como vendedor, líder, membro de equipe, pai ou cônjuge, se suas tentativas de persuasão são primariamente analíticas e movidas por dados, você está deixando passar seu maior poder de vendas. Persuasão e inspiração são funções do Cérebro QP.

O SEGUNDO PRINCÍPIO QP DE VENDAS

O segundo princípio QP de vendas é que o comprador tem muito mais chance de dizer sim se o Cérebro QP estiver ativado. (A condição aqui é que ele esteja respondendo a alguma coisa de valor real.)

É útil lembrar que o Cérebro QP está preparado para se desenvolver, para dizer sim a oportunidades e novas ideias, para explorar, para ter empatia e se conectar e para se expandir. O Cérebro Sobrevivente está preparado para dizer não e preservar a situação do momento. Para um ser humano, a situação do momento significa continuar vivo; dizer sim para uma coisa nova e desconhecida pode literalmente levar à morte. O Cérebro Sobrevivente está preparado para impedir isso.

A maior parte dos produtos, serviços e ideias que queremos que os outros comprem cai na categoria de ajudá-los a se desenvolver. Assim, o que estamos vendendo tem mais chance de ser aceito pelo Cérebro QP.

A situação se reverte quando o produto, serviço ou ideia é baseado no medo e centrado em sobreviver ao perigo físico ou emocional. Se você quer vender uma segurança desnecessária ao dono de uma casa, o que ajudaria a estimular a mente Sobrevivente do comprador seria jogar com o julgamento e o medo dele de todos os bandidos morando nos arredores. Se você for político e quiser vender a ideia de uma guerra cara e desnecessária, deve despertar a mente Sobrevivente e colocar o país que quer atacar como ameaça iminente. Para vender alguma coisa baseada em medo, você precisa que o Crítico e seu Sabotador cúmplice estejam firmemente no controle da mente do comprador. Hitler entendia isso bem e colocou uma nação inteira em um frenesi Crítico. Campanhas políticas são repletas de táticas semelhantes, apesar de em escalas menores.

Espero que o que você queira vender ao seu cliente, equipe, cônjuge ou adolescente obstinado os ajude a se desenvolver ainda mais. Nesse caso, você precisa energizar o Cérebro QP deles para receber um entusiasmado sim.

O TERCEIRO PRINCÍPIO DE VENDAS

O terceiro princípio de vendas é que você precisa estar usando seu Cérebro QP para poder fazer com que o comprador passe para o Cérebro QP dele.

Como discutimos antes, por causa dos neurônios-espelho no cérebro, os cérebros humanos imitam o que pegam no Canal QP de outra pessoa. Como essa mudança acontece automática e subconscientemente, é difícil fingir sua positividade quando tentamos fazer os outros serem positivos. O cérebro da outra pessoa se sintoniza na verdadeira frequência do seu cérebro e não na que você quer projetar. Se você estiver em verdadeiro modo do Sábio, sentindo verdadeira aceitação e paz, curiosidade, criatividade, alegria e empatia, seu estado mental vai ajudar a mudar a mente do outro. Fingir ser essas coisas vai enviar dados positivos no Canal de Dados, mas informações negativas no Canal QP, invisível. Os neurônios-espelho na outra pessoa imitam seu Canal QP invisível, não seu Canal de Dados.

Em um estudo fascinante, pesquisadores descobriram uma diferença irrefutável entre o impacto da positividade falsa (produzida pelo Cérebro Sobrevivente) e a positividade genuína (produzida pelo Cérebro QP).[37] Os pesquisadores distinguiram entre as positividades falsa e genuína ao prestar atenção aos músculos faciais envolvidos em um sorriso genuíno e em um sorriso forçado. Os dois tipos de sorriso ativam o zigomático maior, os músculos que erguem os cantos dos nossos lábios. Sorrisos genuínos também ativam o orbicular do olho, os músculos ao redor dos olhos. Quando concentrados, esses músculos levantam nossas bochechas e criam rugas ao redor dos nossos olhos. Em sorrisos forçados da positividade falsa, esses músculos ao redor dos olhos não são usados.

Nesse estudo, os pesquisadores descobriram que a positividade insincera oferece o mesmo nível de risco de doença coronariana quanto a negatividade aberta da raiva. Esse fato é preocupante se refletirmos sobre ele. A positividade falsa usada como técnica de persuasão não ativa o Cérebro QP do comprador e não aumenta suas chances de ouvir um sim, e, na verdade, expõe você a mais riscos de morrer de doença coronariana! Que tal isso como insalubridade no emprego?

Espero que agora você já esteja um tanto mais cético quanto à eficiência e até a segurança física das técnicas ensinadas em alguns seminários de desenvolvimento de vendas e liderança. Passar pelo processo de ter empatia pelo consumidor, se importar com o funcionário ou ter empatia por seu cônjuge é muito diferente de ativar o Cérebro QP em você para que essas emoções sejam autenticamente sentidas. A liderança e a venda autênticas ganham uma nova luz quando você considera essa perspectiva.

ESTUDO DE CASO

Jack, o vice-presidente de vendas de uma empresa privada de software, fez contato comigo logo depois de ser contratado para um novo emprego. Como antigo chefe de vendas em uma empresa líder de softwares, Jack foi contratado para produzir alguns anos de crescimento agressivo de receita para que a empresa pudesse abrir o capital com alto valor de mercado. Havia uma verdadeira sensação de urgência nessa missão. A empresa tinha identificado uma diminuição das vendas nos dois últimos trimestres por causa de novos concorrentes. Estavam com medo de perder uma janela crítica de oportunidade para abrir o capital se as vendas não aumentassem significativamente.

Jack sabia que sua equipe de vendas era altamente qualificada em métodos clássicos. Mas tinha uma intuição de que a maior parte dos vendedores tinha bem mais potencial do que sabia utilizar. Ele estava intrigado por causa de um discurso que tinha ouvido que sugeria que as habilidades, o conhecimento e a experiência constituem potencial e que o QP determina que porcentagem desse potencial é alcançado. Ele queria saber se o QP podia ajudar.

Considerando o orçamento da equipe de vendas, os prazos agressivos e a diversidade geográfica, concordamos em seminários semanais via internet durante um período de três meses com toda a equipe de vendas, de quase cem pessoas.

Antes de o programa começar, todo mundo fez uma avaliação individual de QP. As pontuações deram a média de 59, bem abaixo do limite crítico de 75. O fato de que uma grande maioria deles estava presa no vórtice negativo apontava para oportunidades significativas de melhoria. Considerando a urgência da tarefa e a alta motivação para melhorar, todo mundo concordou em trabalhar simultaneamente nas três estratégias para aumentar o QP: enfraquecer seus Sabotadores, fortalecer seus Sábios e fortalecer seus músculos do Cérebro QP. Todos fizeram uma avaliação de seus Sabotadores cúmplices principais e se comprometeram a fazer cem repetições QP por dia.

Em nossas primeiras reuniões, pedi que todos identificassem o que era mais exaustivo e desencorajador para eles. Depois de uma breve discussão, concordamos que era o número de rejeições que recebiam. Eles tinham caído na perspectiva do Crítico de que o fracasso e a rejeição eram coisas "ruins". Era hora de levá-los em direção à perspectiva do Sábio.

Pedi que identificassem as dádivas e as oportunidades na rejeição. As respostas foram inicialmente lentas, mas em pouco tempo começaram a surgir com rapidez. Elas incluíam: "Você precisa de 99 nãos para ganhar um sim, então falta um a menos", "Há aprendizado em todas as rejeições se você estiver disposto a procurar" e "Talvez o cliente que você perdeu permita que você tenha mais tempo para conseguir um cliente maior".

Depois de terem sugerido cerca de dez possibilidades mais, acrescentei mais uma, maior: "Imaginem", eu disse, "que você esteja em um campo de batalha em uma noite escura como breu, lutando contra um inimigo que não consegue ver. Ser rejeitado é como acender uma labareda. Permite que você veja claramente seu inimigo, seus Sabotadores, e você também consegue ver as armas que eles vêm usando contra você. Agora, você vai poder lutar melhor contra seus Sabotadores porque sabe contra o que tem que lutar".

Expliquei que a rejeição afeta o núcleo da motivação de sobrevivência. Como espécie tribal, a sobrevivência física dos primeiros humanos dependia de serem aceitos pela tribo. Uma rejeição direta podia literalmente causar a morte por perder o abrigo e a proteção da tribo. A rejeição dói nos níveis mais primitivos do Cérebro Sobrevivente. Ela energiza seu Crítico e o Sabotador cúmplice até a essência e expõe os padrões deles, de modo que você veja claramente. Isso permite que você repare neles e os rotule, que é a melhor estratégia para enfraquecê-los.

Para expor ainda mais seus Sabotadores, todo mundo refletiu sobre seu modo de lidar com a rejeição. Um representante de vendas disse: "Fico furioso. Fico furioso com a pessoa que me rejeita e fico muito crítico com ela por um tempo. Depois de certo período, viro a mesa contra mim mesmo e sou duro comigo para que me saia melhor na próxima vez. Acho que isso me levou a conseguir bons resultados, mas não é agradável. Uso minha raiva para me impulsionar." Concordamos que era um padrão familiar do Crítico. A voz do Crítico estava dizendo que, a não ser que você fosse duro consigo mesmo com as falhas, não se tornaria bem-sucedido.

Outra representante observou que a reação dela à rejeição era se distrair com atividades divertidas e agradáveis para aliviar a dor da rejeição, um comportamento clássico do Inquieto.

Outro disse que seu padrão era refinar obsessivamente sua preparação para se certificar de poder evitar uma futura rejeição, o tempo todo sabendo que estava exagerando. Concordamos que parecia padrão do Insistente.

Outro descreveu o padrão de procrastinação para fazer a ligação seguinte, torcendo para evitar a próxima rejeição. Pareceu padrão do Esquivo.

A tarefa para o grupo nas duas semanas seguintes foi transformar todas as rejeições e os fracassos em oportunidade para testemunhar e rotular seus próprios Sabotadores. Quando possível, eles deviam usar cada visão de Sabotador como sinal para fazer algumas repetições QP.

TEMPO DE RECUPERAÇÃO

A questão de aceitar a rejeição como dádiva não era nem para atrair mais rejeição ou fracasso, nem para negligenciar as importantes consequências do fracasso. O objetivo era diminuir o tempo de recuperação, para se recuperar rapidamente dos Sabotadores, que são ativados pelo fracasso, e para passar para o modo do Sábio a fim de que pudéssemos gerar melhores resultados na vez seguinte.

Uma diferença-chave entre vendedores excelentes e vendedores medianos é o tempo de recuperação. Você precisa de segundos, minutos, horas ou dias para se recuperar da dor e da negatividade do fracasso? E, também importante, você se coloca à frente de novas possibilidades quando ainda está no modo Sabotador da última rejeição?

Nossa tarefa seguinte era que todos medissem seu tempo de recuperação depois da rejeição ou do fracasso. Definimos tempo de recuperação como a duração necessária para não sentir mais uma pontada significativa de raiva, decepção ou arrependimento quando relembrando o fracasso.

As pessoas relataram uma grande variedade de tempo de recuperação. Alguns admitiram demorar dias para superar grandes perdas. Depois de um pouco de discussão, concordamos que o tempo de recuperação dependia da severidade do fracasso, da força do Sábio e do Cérebro QP, e do que mais acontecesse nas horas e nos dias subsequentes. Alguns disseram que achavam que fazer repetições QP depois do resultado reduzia significativamente o tempo de recuperação.

Algumas pessoas fizeram sérias descobertas durante esse processo. Janet, uma representante de vendas da Califórnia, disse que nunca tinha percebido o quanto suas interações com outros clientes eram afetadas enquanto ela estava no período de recuperação de uma perda prévia de cliente. Ela percebeu que ficar aborrecida por uma perda aumentava a probabilidade de outras acontecerem.

TER EMPATIA

Até então, tínhamos nos concentrado em usar as duas estratégias de enfraquecer os Sabotadores e fortalecer os músculos do Cérebro QP. Para acelerar o progresso ainda mais, agora incorporamos a terceira estratégia: fortalecer o Sábio. Já tínhamos trabalhado um pouco para adaptar a perspectiva do Sábio ao fracasso e à rejeição. Era hora de também ativar os poderes do Sábio, em particular o poder de ter empatia.

Ter empatia por si mesmo

Vender é um dos trabalhos mais difíceis no mercado. Apesar de estarmos todos constantemente dedicados a vender, persuadir e motivar de alguma maneira, os inevitáveis fracassos dos profissionais de vendas são completamente visíveis para todo mundo. O Crítico e os Sabotadores veem como um prato cheio nos torturar por esses fracassos. O Sábio, por outro lado, nos lembra de que todos merecemos nos aceitar e — ouso aqui parecer um clichê — ter amor-próprio, mesmo em momento de fracasso. A empatia do Sábio por si mesmo é incondicional.

Pedi a todos da equipe que pensassem no quanto costumam aceitar e amar a si próprios no final de um dia em que tenham cometido algum erro evitável e custoso. Várias pessoas disseram "zero!". A maior parte disse "muito pouco". Um membro da equipe, que estava influenciado pelo Sabotador Inquieto, disse que tentava afastar a raiva e a decepção se mantendo ocupado. Mas admitiu que os pensamentos e sentimentos negativos voltavam na forma frequente de sono interrompido; ele costumava acordar com a mente a mil.

Todas as pessoas concordaram em fazer o jogo de visualizar a criança para ativar a empatia por eles mesmos como antídoto às energias do Sabotador. Muitos escolheram usar verdadeiras fotos da infância. Poucos dias depois dessa videoconferência, muitas pessoas decidiram mandar as fotos de infância umas para as outras, o que resultou em muitas interações divertidas.

Eles concordaram em, sempre que se sentissem emocionalmente torturados pelo Crítico, visualizarem a foto e permitirem que a energia da compaixão e do afeto por eles mesmos os invadissem. Alguns tiveram sucesso imediato. Outros demoraram algumas semanas para conseguir atingir a empatia por eles mesmos.

Ter empatia pelo comprador

Além de ter empatia por si mesmo, o Sábio sabe ter empatia pelo comprador de uma maneira autêntica e sincera. A maior parte de nós fica tocada quando alguém realmente escuta e tem empatia por nós, pois é algo que raramente acontece. Quando uma pessoa demonstra empatia pura e verdadeira, está operando com o Cérebro QP. Isso significa que nós também temos probabilidade de fazer a transição para nosso Cérebro QP, que é o motivo de nos sentirmos tocados pela experiência. O poder do Sábio de ter empatia é uma maneira-chave para ajudar na transição para o Cérebro QP em nós mesmos e no comprador, o que, como discutimos, é mais propício a vendas.

Convidei todas as pessoas a avaliarem honestamente quanta verdadeira empatia sentiam em seus corações pelos clientes em potencial. Em particular, pedi que examinassem em que prestavam atenção durante reuniões com clientes e que tipos de vozes ouviam na cabeça.

Com um pouco de exploração, a maioria das pessoas concordou que grande parte da atenção ainda estava neles mesmos e em suas próprias preocupações durante uma ligação de vendas. Às vezes, eles faziam perguntas para si mesmos, como: "Será que conseguirei fazer essa venda?", "Como estou me saindo?!", "Será que conseguirei chegar à minha meta se não fizer esta venda?", "Será que esse sujeito gosta de mim?" e "Quando ele parar de falar, será que vou ter uma coisa inteligente a dizer?".

Parece familiar?

A verdadeira empatia por alguém significa que você dá toda a sua atenção para essa pessoa. Você se coloca no lugar dela e vê o mundo pelos olhos dela. É muito mais fácil ter ideias que atendem às necessidades de um cliente se você conseguir vivenciar o problema pelo ponto de vista dele. Isso constitui o núcleo das vendas bem-sucedidas.

Muitos de nós tentamos isso na forma das técnicas de vendas da audição ativa, repetindo o que ouvimos, mostrando expressão de preocupação, perguntando mais, e assim por diante. O único problema é que costumamos fazer isso com o Cérebro Sobrevivente, com nosso próprio sucesso em mente, em vez de usarmos o Cérebro QP e de usar a compaixão autêntica do Sábio pelo que o cliente vivencia. O impacto é que tanto o vendedor quanto o cliente continuam usando o Cérebro Sobrevivente, em vez de passar para o Cérebro QP.

O Cérebro QP é capaz de entender e aceitar o paradoxo, e existe mesmo um paradoxo aqui. Para fazer a venda, você precisa abrir mão de necessitar fazer a venda. Para conseguir o resultado que faz você feliz, você precisa abrir mão da sua preocupação com sua própria felicidade durante o processo de venda. Você tem que estar completamente focado na outra pessoa, não como técnica de vendas, mas, verdadeiramente, de coração.

A equipe concordou que sentir verdadeira empatia por outra pessoa era mais fácil quando eles gostavam dessa pessoa genuinamente. Alguns representantes de vendas reclamaram que seus clientes em potencial não eram necessariamente tão agradáveis e que tinham fortes comportamentos de Sabotadores. Para acessar a empatia profunda pelos compradores, eles concordaram em experimentar o jogo de poder de visualizar a criança, desta vez visualizando a criança no comprador, pelo menos algumas vezes na semana seguinte. Isso permitiria que eles vissem e tivessem empatia pela essência mais agradável do Sábio no comprador difícil.

Depois de cerca de seis semanas desse exercício, a pontuação QP média dos membros da equipe subiu de 59 para 69. Ainda estava abaixo dos 75, mas era uma grande melhoria. Não conseguíamos ver nenhuma melhora significativa nas vendas, mas isso era esperado, considerando os ciclos de vendas. As pessoas relataram se sentirem mais energizadas e menos estressadas, o que eu sabia que apareceria nos resultados mais cedo ou mais tarde.

EXPLORAR

Quando discuti com a equipe o poder do Sábio de explorar, nos concentramos primeiro cada um em si mesmo. Perguntei quantos dos representantes de vendas conduziam autópsias sem culpa em seus próprios fracassos ao vender e tentavam aprender com eles. Todo mundo achava que fazia. Um exame mais minucioso, no entanto, revelou outra dinâmica. No passado, muitos deles consideraram fracassos e rejeições dolorosos demais para encarar, então a maior parte das autópsias era feita rapidamente e com aprendizado relativamente superficial. Discutimos o quanto mais detalhadas e instrutivas essas autópsias poderiam ser se fossem abordadas com o poder de explorar do Sábio, repleto de curiosidade e fascinação, em vez de com a negatividade do Crítico. Todos se comprometeram a fazer uma detalhada exploração do Sábio do que tinha dado certo e do que não tinha depois de cada evento importante. Eles concordaram em observar o jogo de culpa e vergonha do Crítico durante esse processo e em rotulá-lo caso surgisse.

Depois de algumas rodadas de autópsia sem culpa nos fracassos recentes, os representantes de vendas descobriram que até então não tinham feito exploração profunda o suficiente com seus clientes. Eles citaram coisas como tirar conclusões apressadas, usar suposições feitas com base em outros clientes, ouvir seletivamente o cliente para provar a própria hipótese preexistente e acreditar na compreensão superficial do cliente sobre as necessidades dele, em vez de ir mais fundo, dentre outras coisas. Isso tudo, é claro, devido à interferência de Sabotadores.

Concordamos que o sinal da pura exploração era verdadeiramente não saber como seria o próximo passo. Discutimos o jogo de poder explorador do antropólogo fascinado. Se um antropólogo entra em uma cidade parcialmente para explorar e parcialmente para vender o que tem na mochila, não vai ser um explorador muito bom. O campo de visão dele vai se estreitar, se concentrando em quem pode ajudar na venda mais rápido.

Mais uma vez, aqui estava o mesmo paradoxo: para vender, você precisa abrir mão de necessitar vender e mergulhar completamente na fascinação da descoberta. Concluímos que, se os representantes de vendas não estivessem vivenciando a alegria e o espanto de um antropólogo fascinado conhecendo uma nova tribo, então não conseguiriam descobrir os hábitos e as necessidades mais profundas de clientes em potencial.

A tarefa deles para a semana seguinte era fazer o jogo do antropólogo fascinado com alguns clientes e acessar a alegria e o prazer do Sábio no modo explorador.

INOVAR

Depois de explorar completamente as necessidades e circunstâncias do cliente, o vendedor idealmente entraria em um verdadeiro modo de inovação do Sábio. A verdadeira inovação é questão de romper os parâmetros que limitam o modo como pensamos em um problema e sua solução. Eu observei que fossem quais fossem os limites que prendiam o vendedor, eles provavelmente também prenderiam o comprador, limitando as possibilidades dos dois lados. Para evitar isso, o vendedor precisa entrar no puro modo de inovação e levar o comprador junto. O Cérebro QP do vendedor então se sintoniza ao Cérebro QP do comprador.

Em seguida, perguntei: "Qual é o inimigo da verdadeira inovação? O que atrapalha?" As pessoas sugeriram rapidamente que era a avaliação prematura de ideias do Crítico. Paula, uma representante de vendas inteligente e relativamente nova, contribuiu com uma percepção poderosa que provocou uma longa pausa na videoconferência. "Tenho medo de que, se eu chegar com uma geração de ideias descontrolada e criativa, a melhor solução para o problema do comprador pode não incluir o produto que estou vendendo."

Foi uma percepção tão importante que pedi que Paula repetisse. Quando ela fez isso, ouvi sons de reconhecimento vindos dos outros. Paula tinha tocado em um ponto delicado, um ponto no núcleo do motivo pelo qual não permitimos que a pura inovação do Sábio ganhe vida no processo de vendas.

"Quais são as consequências de colocar limites na geração de ideias para garantir que exibam melhor nosso produto?", perguntei.

Alguém se manifestou: "Temos mais chances de ficar dentro dos limites tanto como comprador quanto como vendedor."

"De que cérebro você estaria fazendo uso?"

"Do Cérebro Sobrevivente", outros murmuraram.

"Que cérebro isso ativaria no seu comprador?", perguntei. A resposta agora era óbvia: o Cérebro Sobrevivente. O cérebro treinado para dizer não para novas possibilidades.

Estávamos olhando para outro aspecto do nosso paradoxo. Você tem muito mais chance de vender uma ideia ou um produto se não se sentir amarrado a vender a ideia. É claro que não se sentir amarrado não significa não ter entusiasmo nem compromisso. Você pode ter muito entusiasmo e estar comprometido com a venda do produto. Mas, assim que fica emocionalmente amarrado a fazer a venda, você não está mais no modo verdadeiro e puro de empatia, exploração e inovação com o cliente. Suas necessidades emocionais baseadas em ansiedade levaram você de volta ao Cérebro Sobrevivente.

Contei para o grupo que, no começo da minha carreira como coach de CEOs, eu me permiti me amarrar à ideia de manter alguns clientes-chave. Na época, eu estava trabalhando com duas pessoas particularmente difíceis que eram intimidantes aos olhos de suas equipes seniores e até dos membros do comitê. Vamos chamá-los de Tony e Karen. Os temperamentos cruéis deles faziam com que as pessoas se esquivassem de confrontá-los com feedbacks com as falhas deles. Eu também tinha me permitido intimidar; tinha medo de que, se os desafiasse diretamente, eles me demitiriam. Eu racionalizei sobre essa escolha dizendo que podia ser mais útil para eles como coach do que se não estivesse presente. E então, um dia, eu finalmente mandei a precaução às favas com Tony e o confrontei sobre algumas das maneiras como ele estava prejudicando a equipe e a empresa. Como eu temia, ele me demitiu na mesma hora. Isso me deixou ainda mais cauteloso com Karen, e continuei a só ir até onde me sentia seguro com ela para evitar também ser demitido por ela.

Cerca de três meses depois, Tony me chamou de volta e disse que tinha pensado muito e que precisava de mim de volta à vida dele; eu parecia ser o único que ousava falar a verdade para ele. O interessante foi que Karen parou de trabalhar comigo na época por ter decidido que não precisava mais da ajuda de um coach. Meu trabalho com Tony continuou por vários anos e se expandiu a vários níveis da empresa dele. Desde então, decidi que jamais aceitaria um novo cliente se não ousasse correr o risco de ser demitido por ele.

Agora, fiz ao grupo as seguintes perguntas: "Você está disposto a ser demitido ou rejeitado por abrir mão de todas as suas necessidades de fazer uma venda e se concentrar completamente na melhor solução para o cliente? Está disposto a adotar a verdadeira inovação com seu cliente mesmo que isso traga o risco de levar a uma solução que pode não incluir seu produto ou serviço? Está disposto a acreditar no paradoxo de que vai vender bem mais se abrir mão da necessidade de fazer uma venda?"

Nossa corajosa Paula mais uma vez deu uma resposta honesta: "Consigo ver o mérito disso, mas seria um pouco assustador de praticar." Pedi que ela investigasse que parte do cérebro dela e que voz na cabeça dela estava mencionando esse medo.

NAVEGAR

O poder do Sábio de navegar é uma questão de alinhar as vendas com motivações mais profundas: valores, missões e propósito.

Minha empresa treinou, supervisou e certificou milhares de coaches ao redor do mundo. Ensinamos a eles uma coisa que pode melhorar significativamente a eficiência de um coach quase da noite para o dia. Tem a ver com se certificar de que a visão do cliente "pegou fogo" antes de fazer qualquer outra coisa. Se você desse a um coach iniciante ou intermediário uma hora para trabalhar com alguém, ele poderia dividir a hora em partes assim:

Fig. 19   Como um coach iniciante/intermediário usa uma hora

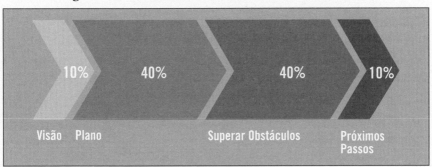

Quando supervisionamos nossos coaches em treinamento durante o programa de certificação final, observamos o trabalho deles com um cliente. Os supervisores sempre observam o quanto o coach está trabalhando. Um sinal evidente de que alguma coisa está errada é o coach estar se esforçando demais. O trabalho deveria fluir e parecer quase não requerer esforço. Um coach dando duro demais costuma significar que a visão do cliente não pegou fogo. A conversa passou de visão a planejamento e obstáculos rápido demais, sem o combustível que a visão em chamas teria oferecido. Sem esse combustível, o coach precisa seguir empurrando pelos dois.

Coaches experientes acabam chegando a um equilíbrio bem diferente que é dividido mais ou menos como a figura a seguir:

Fig. 20   Como um coach experiente usa uma hora

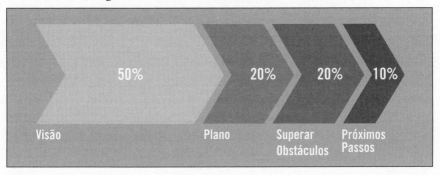

Estudo de Caso: Vender, motivar, persuadir

Perguntei ao grupo por que a segunda abordagem poderia funcionar melhor, dando a entender que a resposta tinha a ver com o Cérebro QP. Tim, um dos melhores vendedores da empresa, respondeu imediatamente: "A visão mora no Cérebro QP. Se você fica tempo suficiente na conversa sobre visão, ativa o Cérebro QP em você e no cliente. Esse cérebro é mais criativo para elaborar um plano e superar obstáculos." Outra pessoa acrescentou: "Se você começasse a planejar enquanto ainda estivesse operando com o Cérebro Sobrevivente, ficaria preso no mesmo lugar porque os obstáculos pareceriam maiores e mais intimidantes."

Eles resumiram as coisas com perfeição. A grande diferença, realmente, é que quando você e o comprador estão no modo do Cérebro QP, vocês estão aliados ao Sábio do cliente, em vez de lutando contra os Sabotadores que só dizem não. Você precisa se esforçar muito como vendedor, coach, líder, cônjuge ou pai se não ajudou a visão do outro lado a pegar fogo antes de se concentrar em planos, táticas e obstáculos.

Muitas pessoas cometem o erro de ler a visão pelo Canal de Dados, em vez de pelo Canal QP. Um cliente ou possível cliente pode mencionar sua visão nos primeiros três minutos de conversa. Mas ele usa palavras, dados e conceitos que vivem no Canal de Dados. Podem não viver no coração dele naquele momento, e certamente não no Cérebro QP. É trabalho do coach, do vendedor ou do líder dar um sopro de vida à visão para que ela pegue fogo e seja sentida profundamente, em vez de permanecer em pensamento.

Sugeri ao grupo que o primeiro passo para conseguir isso é ativando o Cérebro QP deles mesmos (o terceiro princípio QP de vendas). Dali, eles precisariam ajudar o cliente a sentir, tocar, cheirar e sentir o gosto da visão sendo manifestada usando o máximo de concretude e envolvendo o máximo de sentidos e emoções possível.

Visões pegam fogo com mais rapidez e força quando você ajuda a outra pessoa a ligar os pontos entre a visão do projeto e os valores mais profundos dela. Os valores apontam o caminho para o lugar onde nossa reserva de combustível e fogo reside. Alinhe-se com esses valores e você vai alcançar a fonte mais profunda de fogo, paixão e energia.

Uma técnica que funciona particularmente bem é fazer uma pessoa falar sobre a visão dela em formato de história, usando o verbo no presente, com a visão já tendo sido alcançada.[38] Por exemplo: "Agora estamos dois anos à frente no futuro. Estamos celebrando o aniversário de um ano do lançamento do novo sistema com uma grande festa com a presença do CEO e de toda a equipe de gerenciamento sênior. A festa é em um belo salão de banquetes em um resort no Havaí, cercado de árvores verdes. Vou com minha esposa e meus dois filhos porque vou ser premiado e quero que eles participem desse momento especial comigo. Assistimos a um vídeo de testemunhos de gerentes de loja falando sobre como o novo sistema mudou a vida deles. Uma mulher no vídeo chora ao falar sobre como a economia de tempo e a automação tornaram possível que ela fosse às apresentações de balé da filha, coisa que não podia fazer antes. Meu trabalho ficou mais satisfatório porque muitos outros departamentos na empresa me chamam para aprenderem a implementar uma coisa similar, e adoro ajudar."

E assim por diante. Seu cliente em potencial pode não criar uma história de tanta visão, mas você ainda iria querer envolvê-lo no tipo de diálogo que constrói os elementos de uma história assim na mente dela, e, ainda mais importante, no coração. Indagações que ajudam os clientes a formarem narrativas assim incluem: "Vamos imaginar que essa visão já foi manifestada satisfatoriamente. O que seria diferente? O que mudaria em sua própria vida ou na vida de outra pessoa? Como você se sentiria consigo mesmo, com seu papel, com sua contribuição ou com sua vida? O que seria diferente em um dia típico? Como essa visão provocaria impacto no tempo que você passa com sua filha? Como isso se aliaria ao tipo de legado que você quer deixar depois nesse papel? No final da sua vida, ao olhar para trás, o que ainda se destacaria como significativo?"

Esses são os tipos de pergunta que ajudam uma visão a pegar fogo. Você precisa encontrar suas próprias perguntas que se encaixem na sua situação em particular.

Você vai saber quando a visão pegou fogo — vai aparecer no Canal QP. Quando um cliente tem o gosto da possibilidade da visão, a linguagem corporal muda. Ele vai se inclinar mais para a frente, vai ter um brilho nos olhos, uma melhoria de humor e energia. Se você perguntasse nesse ponto quais eram os obstáculos, ele os listaria sem qualquer sensação de ansiedade nem peso, com a atitude do Cérebro QP de que tudo é possível e de que até os obstáculos podem ser transformados em oportunidade.

Ligando os pontos a valores e significado

Nesse ponto em nosso trabalho, propus que os representantes de vendas fizessem o trabalho neles mesmos antes de tentar nos outros. "E sua visão do seu próprio trabalho?", perguntei. "Ela pegou fogo? Você ligou os pontos entre seu trabalho e seu senso de valores e missão no mundo?"

Estudo de Caso: Vender, motivar, persuadir

Depois de um minuto de silêncio carregado, nossa ousada Paula manifestou uma observação honesta que os outros costumam sentir, mas poucos ousam expressar publicamente. "Se vendêssemos medicamentos que salvassem vidas, eu conseguiria entender o que você disse. Mas vamos ser honestos. Só estamos vendendo software. Não é necessariamente o tipo de coisa que posso ligar com minhas questões mais profundas de legado e sentido na vida. Faço esse trabalho para me sustentar. Eu não faria se não precisasse."

Agradeci a Paula pela coragem de falar a verdade, pois eu sabia que a pergunta em muitas mentes era: "Meu trabalho realmente importa?" Em seguida, compartilhei a pesquisa com faxineiros de hospital e assistentes administrativos e que um terço deles via o trabalho como apenas um emprego, outro terço como carreira e o outro como vocação. Sugeri que a diferença devia-se ao fato de os Sabotadores ou o Sábio estar no comando. "Se faxineiros de hospital e assistentes administrativos conseguem ativamente se dar ao trabalho de uma percepção de significado e vocação, vocês também conseguem", falei, desafiando o grupo.

Agora, perguntei por que uma percepção de significado deveria importar. Eles não tiveram dificuldade para responder: "Eu me divertiria mais no trabalho e me sentiria menos estressado." "Eu teria mais probabilidade de usar meu Cérebro QP, de usar os princípios QP de vendas corretamente e seria mais bem-sucedido." "Meu entusiasmo maior seria contagioso para meus clientes em potencial e me traria melhores resultados." Eles realmente estavam entendendo.

Pedi que pensassem nos elementos do trabalho deles que poderiam estar carregados de significado e alinhados com o sentido maior de propósito na vida. Como ferramenta, sugeri o jogo de olhar para o futuro, o jogo de poder que nos ajuda na navegação. "No final da sua vida, ao olhar para trás, como você deseja ter jogado esse jogo de 'vendas'? O que se destacaria como significativo?"

Depois de alguns minutos de contemplação, algumas pessoas compartilharam suas descobertas. Bob, um representante de vendas de meia-idade do Arizona, deu uma resposta particularmente comovente: "Por causa do meu passado, tenho uma enorme paixão por ajudar crianças desfavorecidas. Eu queria saber como vender software empresarial poderia se ligar a isso. Cheguei a algumas conclusões. Primeiro, vou me comprometer a contribuir com uma porcentagem da minha comissão sobre certo valor para uma organização que trabalha com crianças menos favorecidas.

Assim, quando eu estiver tentando fazer uma venda, pode ser em parte para essas crianças. Eu também estava pensando em trazer algumas dessas crianças para me acompanharem em partes do meu trabalho na esperança de inspirá-los para que procurem bons empregos. A terceira coisa é que alguns dos clientes em potencial com quem estou conversando provavelmente vêm de passados desfavorecidos. São apenas a versão adulta das pessoas de quem tanto gosto, e consigo me empolgar com a ideia de ajudá-los com nosso produto."

É incrível o que acontece com as pessoas quando elas ligam os pontos entre o trabalho e a sensação mais profunda que têm do que torna a vida significativa. Imaginei Bob mais empertigado na cadeira e irradiando uma nova vivacidade depois de ligar os pontos. Se você não ligou o que faz ao que traz sentido à sua vida, não está alcançando seu reservatório maior de poder e inspiração.

O jogo de poder de olhar para o futuro ou variações mais sutis dele podem também ajudar você a ligar seu comprador ao sentimento mais profundo dele de significado, com valores, propósitos e visões. É um passo-chave para ajudar a visão dele a pegar fogo.

ATIVAR

Como o passo final de vendas, o Sábio executa qualquer ação necessária, sem interferência dos Sabotadores. Se o Cérebro QP está energizado tanto no vendedor quanto no comprador, o movimento de agir do Sábio é automático. O "fechamento" ocorre orgânica e naturalmente.

Passamos nossa última videoconferência falando sobre quais Sabotadores atrapalharam a ação do Sábio em todas as áreas dos trabalhos deles. Afinal, vender é um trabalho com um processo intensivo, que requer disciplina em uma enorme quantidade de atividades, que vão de explorar a pesquisar a finalizar. Fizemos o jogo de tomar o lugar dos Sabotadores para prever quais poderiam atrapalhar a ação e como. Cada pessoa montou sua lista e elaborou respostas do Sábio baseadas nas expectativas.

Para manter o impulso depois do fim das nossas videoconferências, todos concordaram em incorporar um item de relatório QP na reunião semanal da equipe regional de vendas. Isso permitiria que eles aprendessem com os sucessos e os fracassos dos outros. Também seria um lembrete contínuo e inspiração para prosseguir com a prática além da fase inicial, durante a qual os músculos em desenvolvimento ainda não são facilmente vistos.

A DÁDIVA NO FINAL

Fiz uma ligação para esse grupo alguns meses depois do final de nossas videoconferências. Previ na maioria relatórios positivos, pois o QP médio deles tinha subido para 79 e eles tinham produzido sinais de grande melhoria no processo de vendas. Como resultado, tinham revisado a projeção de vendas para o ano seguinte, aumentando em 28%. Eles relataram a sensação de estarem bem mais energizados e eficientes no trabalho individualmente e como grupo. Jack resumiu o sentimento de todos ao dizer que estavam se sentindo "em chamas".

Logo depois dessa conversa, recebi uma ligação do CEO da empresa dizendo que o comitê tinha votado a favor da venda para uma outra empresa de capital aberto, em vez de esperar para abrir o capital. A situação das vendas tinha contribuído para um alto preço de venda.

Cerca de um ano depois da venda, recebi um e-mail de Paula, o membro mais memorável e expressivo do grupo, que alegrou meu dia. Ela tinha seguido fielmente minha sugestão de que os princípios QP de vendas se aplicavam a qualquer tipo de motivação e persuasão. Sendo mãe solteira de um menino complicado de 16 anos, o maior desafio dela era convencê-lo a parar alguns dos comportamentos autodestrutivos cada vez mais frequentes. Ela encontrou alguns obstáculos no caminho, mas acabou conseguindo persuadi-lo a fazer uma avaliação de seus Sabotadores. Todas as noites à mesa de jantar desde aquele dia, eles compartilhavam seus sucessos e fracassos ao lidar com seus Críticos, além do Sabotador Inquieto dele e do Insistente dela. Ela queria que eu soubesse o profundo impacto que isso causou nele e no relacionamento dos dois. Nunca sabemos quando nossas capacidades melhoradas de vendas, persuasão e motivação serão úteis.

Para refletir

> Pense em uma área importante em que você confiou demais em uma abordagem racional e baseada em dados. Qual é a necessidade emocional implícita na outra pessoa que você não abordou?

CAPÍTULO 13

CONCLUSÃO: O MAGNÍFICO VOCÊ!

Neste livro, tentei mostrar que aumentar sua Inteligência Positiva é a maneira mais eficiente e sustentável de aumentar tanto sua eficiência quanto sua felicidade, e o mesmo se aplica a qualquer equipe a que você pertença.

A boa notícia é que você já elevou seu QP um pouco apenas por ler este livro. Em primeiro lugar, seus Sabotadores provavelmente não estão tão fortes e nem com tanta credibilidade na sua mente quanto antes. Você os enfraqueceu ao expor suas mentiras e seus padrões destrutivos. Eles não podem mais se esconder e nem fingir que são seus amigos.

Outra razão para seu QP já estar mais alto é que você agora está ciente do poder do Sábio. Se tudo o que você fizer for lembrar-se da história do garanhão na próxima vez em que estiver aborrecido com alguma coisa, terá um Sábio mais forte para combater seus Sabotadores.

A prática é a chave para o quanto mais seu QP vai aumentar e quão profundo será seu impacto. A prática QP não requer tempo livre. Enquanto você observa e rotula Sabotadores, acessa seus grandes poderes do Sábio e faz repetições QP energizantes, você vai encarar seus desafios de maneiras que são mais eficientes e mais satisfatórias. O compromisso com a prática QP não acrescenta um peso à sua vida. Ele reduz o peso que já está lá.

Enquanto você embarca nessa prática, é interessante levar seus inimigos interiores a sério. Os que subestimam a força dos Sabotadores fazem isso por sua própria conta e risco. Seus Sabotadores estão comprometidos com sua própria sobrevivência — lembre-se, eles estão enraizados nela. Não gostam de perder o poder que têm sobre você. Vão continuar tentando convencê-lo de que sua sobrevivência e seu sucesso dependem deles. Também vão dizer que, para ter mais sucesso e felicidade, você só precisa se concentrar ainda mais em realizações externas. Espero que você não seja mais suscetível a essas mentiras.

Seus Sabotadores nunca irão embora completamente. O fato é que ainda ouço as vozes dos meus Sabotadores Crítico e Hiper-Racional com frequência. O que mudou foi o volume e o poder das vozes em comparação com a voz do meu Sábio, cada vez mais forte. Não se sinta desencorajado se continuar a ouvir os Sabotadores na sua cabeça. Eles vão perder boa parte do volume e da força com o tempo.

Se você frequentasse uma academia e levantasse peso durante alguns dias, poderia não ter nada para comprovar que fez isso. Mas posso garantir que, se você fosse 21 dias seguidos, teria muito a mostrar. Você se sentiria diferente, e as outras pessoas também reparariam. Na verdade, faço uma aposta com meus clientes de que, se eles fizerem a prática QP por 21 dias seguidos, alguém na vida deles que não sabe sobre o novo hábito vai reparar e comentar que alguma coisa está diferente. Ganho essa aposta a maior parte das vezes.

DESCOBRINDO O MAGNÍFICO VOCÊ

Recentemente, tive um encontro com uma fotógrafa incrível para fazer a foto para a orelha deste livro. Cynthia foi uma inspiração — ela estava completamente sintonizada no Canal QP. Cheguei atrasado ao compromisso e tinha acabado de receber uma ligação com uma notícia bem "ruim", então precisei de alguns minutos para afastar o Crítico e voltar à perspectiva do Sábio. Cynthia estava tão sintonizada em mim que percebia imediatamente quando minha mente estava divagando. Nesses momentos, ela sabia que minha essência não brilharia pelo meu rosto e nem na foto. Assim, nas poucas ocasiões em que minha mente divagou, ela imediatamente me pediu para mexer os dedos dos pés e esfregá-los uns contra os outros com atenção. Fiz o que ela sugeriu e voltei logo para meu Cérebro QP, com a essência do Sábio transparecendo. Ela estava me pedindo para fazer repetições QP!

Cynthia disse que, durante cada sessão de fotos, sempre se permite se apaixonar pela beleza essencial da pessoa que está fotografando. Isso permite que a essência do modelo brilhe e seja capturada pela câmera.

Percebi que sempre fiz uma coisa bem parecida como líder, como CEO das minhas empresas e como coach de outras pessoas. Eu me permiti me apaixonar pela magnificência do ser humano à minha frente por tempo o bastante para que aquela pessoa redescobrisse sua magnificência. Meu Sábio desperta o Sábio da outra pessoa. Como não amar o Sábio e sua essência em cada um de nós?

Espero que este livro ajude você a se apaixonar ainda mais por si mesmo — a ver a beleza em sua essência, no ser que você era no momento em que nasceu. Você não precisa provar nada para ninguém, nem fazer nada por ninguém, nem chegar ao topo de nenhuma montanha. Sua essência está sempre presente enquanto seu Sábio, imutável e esperando que você perceba, acesse seus enormes poderes e permita que ela brilhe.

Também espero que você decida fazer pausas com mais frequência e se apaixone pelas pessoas incríveis ao seu redor no trabalho e em casa. Espero que consiga ver além dos irritantes Sabotadores. Espero que escolha que seu Sábio veja os Sábios deles o bastante para que eles despertem e brilhem. É o que grandes líderes, grandes jogadores de equipe, grandes pais, grandes educadores e grandes parceiros de vida fazem. Eles permitem que redescubramos e vejamos nosso próprio Sábio pelos olhos deles.

Do meu Sábio para o seu: estou vendo você!

APÊNDICE

FUNDAMENTOS DO CÉREBRO QP

No Capítulo 7, você leu uma breve descrição do Cérebro QP. Aqui, você pode explorar as funções do Cérebro QP e do Cérebro Sobrevivente em um pouco mais de detalhe.

O recente advento da ressonância magnética, que mede como a atividade neural muda o fluxo sanguíneo, permitiu que os neurocientistas e psicólogos testemunhassem pela primeira vez em tempo real o trabalho do cérebro. Agora, somos capazes de mostrar as partes envolvidas em produzir pensamentos e sentimentos diferentes. Isso significa que também somos capazes de descobrir as partes envolvidas na ativação dos Sabotadores e as partes necessárias para a ativação do Sábio.

Como você aprendeu, o Sabotador mestre, o Crítico, tem raízes no Cérebro Sobrevivente, a parte que tem a tarefa de nos ajudar a sobreviver. O tronco cerebral, a parte mais primitiva do cérebro, está envolvido na motivação básica da sobrevivência física e emite a reação ao perigo de lutar ou correr. Acima dessa parte primitiva do cérebro está o sistema límbico, que inclui a amídala cerebelosa, a moderadora das nossas reações emocionais, incluindo o medo. O hipotálamo e a glândula pituitária secretam hormônios em reação à amídala, incluindo o cortisol, hormônio do estresse. O cortisol circula pelo nosso corpo, concentrando-o na sobrevivência. Durante esse foco na sobrevivência, o lado esquerdo do cérebro, com sua concentração em dados concretos e em detalhes, é o participante principal.

Como vimos, quando o Crítico ganha vida, ele ativa os Sabotadores cúmplices. Assim, o Cérebro Sobrevivente alimenta os Sabotadores, e esses Sabotadores, por sua vez, alimentam o Cérebro Sobrevivente. A aflição e o estresse que a maior parte de nós sente é resultado de uma versão perpétua de baixo grau desse círculo vicioso. Precisamos que o Cérebro QP interrompa esse círculo.

O Cérebro QP se concentra em desenvolvimento, e não em sobrevivência. Ele gera a perspectiva e os poderes do Sábio. Consiste de três componentes: 1. o córtex pré-frontal medial (CPFM); 2. o Circuito da Empatia; e 3. o lado direito do cérebro.

1. O CPFM

O CPFM executa algumas funções-chave que são críticas para o QP alto, incluindo as seguintes:

- **Observa a si mesmo:** Isso permite que nos elevemos acima do conflito e testemunhemos nossa mente e o processo de pensamento.
- **Pausa antes de agir:** Isso oferece uma zona intermediária de contemplação que leva à diferença entre agir e reagir.
- **Acalma o medo:** Isso libera GABA (ácido gama-aminobutírico) para facilitar a experiência de medo produzida pelo Cérebro Sobrevivente.
- **Tem empatia consigo mesmo e com os outros:** É uma parte essencial do Circuito da Empatia, que permite que tenhamos empatia por nós mesmos e pelos outros.
- **Permanece centrado:** Isso nos remete a um senso de tranquilidade e a uma sensação de estar centrado no meio de uma grande dificuldade. Também nos acalma ao literalmente coordenar os controles do sistema nervoso de funções corporais como batimentos cardíacos, respiração e digestão.
- **Acessa a sabedoria do pressentimento:** Ele acessa e processa informações de redes neurais que ficam fora do crânio e se espalham pelo corpo, incluindo o coração e os intestinos.

2. O CIRCUITO DA EMPATIA

"Circuito da Empatia" é meu termo para algumas diferentes áreas do cérebro que se combinam para habilitar o poder-chave do Sábio de ter empatia.

O Circuito da Empatia inclui: (a) o sistema de neurônios-espelho; (b) o córtex da ínsula do CPFM; e (c) o córtex cingulado anterior (ACC).

a) Sistema de neurônios-espelho

A descoberta do sistema de neurônios-espelho no cérebro foi uma das mais empolgantes da neurociência nos anos recentes. Em resumo, nossos neurônios-espelho captam o estado psicológico e emocional dos outros e *automaticamente* nos fazem vivenciar estados similares, incluindo mudanças em nossos batimentos cardíacos, pressão sanguínea ou respiração em reação às pessoas ao nosso redor. Isso explica como somos afetados pelo ambiente em uma reunião em que entramos e por que bocejamos quando outra pessoa boceja. Isso resulta em um efeito "contagioso" invisível que tem papel-chave em liderança, vendas e persuasão, resolução de conflitos, criação de filhos e muitos outros aspectos da Inteligência Positiva.

Pense no sistema de neurônios-espelho como o "diapasão" do cérebro. Se você está vibrando na frequência de energia dos Sabotadores, tem mais chance de automaticamente despertar os Sabotadores da pessoa com quem está interagindo. Se você está vibrando na frequência de energia do Sábio, tem mais chance de ajudar a transição da outra pessoa para o modo do Sábio. Isso é compreendido quase intuitivamente por grandes vendedores e líderes como forma de causar impacto nos outros.

Esse efeito contagioso produzido pelos neurônios-espelho do cérebro tem muitas implicações. Em um estudo recente, pesquisadores acompanharam 4.739 indivíduos, seus relacionamentos uns com os outros e seus níveis de felicidade ao longo de vinte anos.[39] Eles descobriram que, quando um indivíduo fica feliz, um amigo que mora no raio de 1,5 quilômetro tinha uma chance aumentada em 25% de ficar feliz. A parte mais surpreendente da descoberta foi que até mesmo um amigo do amigo (com dois graus de separação) tinha aumento de 10% na chance de ficar feliz, e até os amigos desse amigo (com três graus de separação) tinham um aumento de 6% de chance. Se sua positividade pode causar impacto em uma pessoa com três graus de separação de você, imagine o quanto afeta as pessoas ao seu redor, principalmente se você estiver em posição de liderança ou de influência.

b) Córtex da ínsula

Outra parte desse Circuito da Empatia é o córtex da ínsula, que é basicamente uma estrada que liga os sinais do sistema de neurônios-espelho até o sistema límbico e o tronco cerebral, fazendo com que nosso corpo reaja com empatia por outra pessoa. Ele também carrega o sinal para o lado superior do CPFM, permitindo que tenhamos uma percepção consciente da nossa empatia.

c) O ACC

O ACC fica entre a área do córtex do pensamento e a região límbica do sentimento e das sensações. Ele regula nosso foco de atenção. Juntos, o sistema de neurônios-espelho, o córtex da ínsula e o ACC constituem nosso Circuito da Empatia.

Como exemplo de seu funcionamento, em algum momento da minha infância, meu cérebro começou a desencorajar os sinais do Circuito da Empatia. Isso aconteceu porque os sinais que ele estava espelhando dos meus arredores não eram agradáveis. Por que captar e absorver ainda mais dor que havia ao meu redor se eu não precisava? E por que sintonizar em meus próprios sentimentos de dor? Que bem poderia derivar disso?

O desafio é que o mesmo circuito que permite que fiquemos cientes e tenhamos empatia por nosso próprio corpo e emoções também funciona ao contrário e nos permite ter empatia pelos outros. Quando o caminho é interrompido em uma direção, fica também fechado na outra. Essa abordagem bifurcada de se desconectar tanto do lado direito do cérebro quanto do nosso Circuito da Empatia é extremamente comum como estratégia de sobrevivência. O custo é ficarmos "anestesiados" em relação a nós mesmos, aos outros e à riqueza das experiências da vida.

O LADO DIREITO DO CÉREBRO

O que a maior parte das pessoas pensa quando olha fotos do cérebro é que ele é mais ou menos um órgão com dois lados diferentes. O que não percebem é que, na verdade, os hemisférios direito e esquerdo do cérebro são completamente separados um do outro e ligados por um pequeno corredor de fibras neurais chamado corpo caloso. Esses dois hemisférios estão programados de formas completamente diferentes e têm funções muito diferentes. Nós literalmente *temos* duas mentes.

O lado direito é muito discutido e muito incompreendido. Ele lida com o todo, com imagens, com linguagem não verbal e com a detecção de coisas invisíveis como energia e humor. É mais diretamente conectado ao fluxo de informação do corpo ao tronco cerebral para o sistema límbico, que constitui uma percepção de nossas sensações físicas e emoções. É aí que a essência emocional e social está centrada.

Em contraste, o lado esquerdo é responsável pelo pensamento linear e lógico, pela linguagem escrita e falada e pelos detalhes. É a parte do cérebro que permite que nos desliguemos por completo das nossas emoções e sensações físicas e vivamos potencialmente em um mundo desconectado de lógica e dados. O lado esquerdo é um lugar onde as coisas podem ser mais ordenadas e controláveis. É onde a mente racional governa e onde pode se justificar e racionalizar os medos e as dores.

O lado direito é claramente muito mais apropriado para as funções-chave do Sábio, como ter empatia, explorar com a mente completamente aberta, inovar com uma perspectiva de possibilidades mais ampla e navegar com uma conexão mais profunda ao que realmente importa para nós na vida. As funções do lado esquerdo são claramente críticas para a sobrevivência no dia a dia, enquanto as funções do lado direito nos permitem prosperar com uma vida rica de relacionamentos e significado.

Quando crianças, usamos um tanto mais o lado direito nos primeiros anos de vida do que o lado esquerdo, e também temos mais equilíbrio entre os dois. Infelizmente, nossa educação no mundo ocidental sistematicamente encoraja e fortalece o lado esquerdo e ignora ou pune as funções do lado direito. Isso pouco a pouco resulta em assimetria e desequilíbrio entre os dois lados.

Nosso sistema de educação é quase completamente baseado em fortalecer os músculos do lado esquerdo da linguagem e da lógica. Provas de colocação e êxito, tais como o vestibular, são predominantemente baseadas em aspectos fortes do lado esquerdo. Esse fenômeno é tão disseminado que digo para os participantes em meus seminários de liderança que eles vivem a vida quase que com meio cérebro. Poucas pessoas resistem a essa afirmação depois que examinamos as evidências de pesquisas. Apesar de ser verdade que as mulheres e pessoas de orientação mais criativa têm em média acesso um pouco melhor ao lado direito, elas ainda usam mais predominantemente o lado esquerdo.

O que exagera ainda mais o desequilíbrio entre lados esquerdo e direito é o envolvimento dos Sabotadores. Usando a mim mesmo como exemplo de novo, meu lado direito era a parte dominante do meu cérebro quando criança, como com todas as crianças. Mas, em determinado ponto, devo ter decidido que, se não podia exercer controle sobre as circunstâncias da minha vida difícil, podia exercer controle sobre a parte mais ordenada da minha mente lógica. Afinal, havia segurança nos fatos, números, listas e detalhes. Isso, obviamente, fortaleceu meus músculos do lado esquerdo. Em contraste, devo ter decidido começar a descontar e entorpecer meus sentimentos, pois eles não eram agradáveis. Isso provocou uma atrofia ainda maior do lado direito, que está mais envolvido com essa função de sentimentos. Portanto, eu estava usando a estratégia do Sabotador Hiper-Racional para garantir minha sobrevivência física e emocional. O resultado foi a crescente atrofia do meu lado direito e uma vivência quase que com meio cérebro, como a maioria das pessoas faz.

CACHORROS VELHOS E NOVOS TRUQUES

Até agora, só falamos sobre a notícia ruim de que a maior parte de nós deixou que os músculos do Cérebro QP se atrofiassem ao longo dos anos. A boa notícia é que, nesse campo de fortalecer os músculos do Cérebro QP, cachorros velhos realmente aprendem novos truques e bem rapidamente.

Para ver como, é útil pensar por um segundo sobre o que forma um "músculo" do cérebro. O cérebro é feito de cerca de 100 bilhões de neurônios. Em média, cada neurônio, se você conseguir acreditar, tem cerca de 5 mil sinapses que permitem que ele se conecte a muitos outros neurônios, o que significa que o sinal elétrico que viaja por um neurônio chega a uma bifurcação no caminho no final do neurônio com muitas direções possíveis para prosseguir. A direção na qual cada sinal viaja depende em parte de qual neurônio foi "associado" no passado com o primeiro neurônio. Os neurônios não estão "ligados fisicamente" uns aos outros. A conexão deles é por associação e estatística. Quanto maior a frequência com que dois neurônios trabalham juntos, mais eles ficam associados um ao outro. Em outras palavras, neurônios que trabalham juntos se tornam praticamente ligados um ao outro ao longo do tempo. É assim que o cérebro aprende, lembra e forma hábitos e suposições conscientes ou subconscientes.

Há vários mecanismos que o cérebro usa para estabelecer esses novos caminhos e músculos, que juntos constituem o que é chamado de neuroplasticidade. Novas ligações sinápticas são criadas quando um novo comportamento diferente de um velho hábito é executado. A mielina, o revestimento protetor de gordura ao redor dos neurônios envolvidos, fica mais grossa, o que resulta em um aumento de cem vezes na velocidade de transmissão de sinal por esses neurônios, significando que o tráfego tem mais chances de passar por esse novo "caminho". Isso resulta no acúmulo de poeira no velho caminho e seu gradual desaparecimento, que é o que acontece quando você abandona um hábito. A atenção concentrada, como as repetições QP que você aprendeu no Capítulo 7, libera neurotransmissores que ajudam a fortalecer novas conexões sinápticas e a formar novos caminhos.

A boa notícia sobre a neuroplasticidade é que pesquisadores descobriram recentemente que o cérebro continua a construir caminhos novos e a criar novas sinapses e até mesmo neurônios completamente novos em resposta a estímulos, mesmo em pessoas com mais de 90 anos. A recuperação incrível de vítimas de derrame cujos cérebros rapidamente se religam para compensar funções perdidas devido a neurônios destruídos é um testemunho desse poder. Minha experiência comigo e com meus clientes é de que o cérebro é mesmo altamente responsivo às práticas de fortalecimento dos músculos QP.

QP E A MENTE SUBCONSCIENTE

Muitos dos Sabotadores, incluindo o Crítico, o Controlador e o Hiper-Racional, tendem a nos levar a acreditar que sabemos mais do que realmente sabemos. Eles precisam ser lembrados que muito do que está guardado em nosso cérebro e afeta nossas emoções e decisões na verdade não é sabido por nós conscientemente.

Temos dois tipos de memória. A memória explícita é o que normalmente chamamos de memória, uma coisa que conseguimos apontar conscientemente e lembrar. No entanto, o cérebro também guarda lembranças implícitas, das quais não estamos cientes. O desafio é que as lembranças implícitas provocam impacto no modo como pensamos, interpretamos as coisas ou reagimos. Elas constituem uma parte importante da alimentação dos nossos Sabotadores.

O que faz a diferença entre uma experiência ficar registrada em nossa memória implícita ou explícita é se o hipocampo, o gerador de memórias explícitas do cérebro, estava envolvido na construção e no arquivamento dela. Em muitas situações, incluindo situações de estresse alto, como um trauma, o hipocampo se desativa. Ele também está desativado no começo da nossa infância, e é por isso que algumas das experiências mais poderosas e importantes da nossa vida, que determinam como pensamos e reagimos, estão escondidas de nós.

Pesquisadores agora demonstraram que nossas lembranças implícitas resultam em emoções e causam impacto em nossa capacidade de tomar decisões sem estarmos cientes. Racionalizamos o motivo de fazermos o que fazemos sem estarmos completamente cientes das lembranças, sentimentos e suposições que motivaram nossas ações a partir do arquivamento implícito. Todo Sabotador tem uma série de "justificativas" para convencer você de que é realmente seu amigo, mas essas justificativas costumam ser alimentadas por crenças implícitas que nunca foram examinadas conscientemente. Por exemplo, seu Crítico pode ter crenças como "sem dor não há ganho" ou "gentileza demais estraga as pessoas" baseadas em experiências anteriores e associações que não são lembradas conscientemente e, portanto, não são examinadas nem confrontadas.

Muitas escolas de psicologia e terapia se esforçam para tornar consciente o conteúdo do subconsciente, para que ele perca seu poder sobre você. Isso pode ser altamente eficiente, sobretudo com situações mais traumáticas. O desafio, entretanto, é que algumas das lembranças implícitas mais profundas que temos podem nunca ser acessíveis, em especial as da primeira infância.

A prática da Inteligência Positiva contorna a necessidade de ter que revelar razões secretas por trás da formação dos Sabotadores ou as crenças implícitas e escondidas deles. Tudo o que precisamos fazer é reconhecer os padrões de pensamento e sentimento deles e rotulá-los quando surgirem. Você pode lutar com um inimigo sem ter que saber o que ele tomou no café da manhã e nem que tipo de infância teve. A limitação, mais uma vez, é em casos de trauma significativo onde um trabalho terapêutico mais profundo pode ser necessário.

De maneira interessante, desenvolver os músculos QP vai automaticamente resultar em ganhar acesso mais profundo às dinâmicas subconscientes dos seus Sabotadores, mesmo não se tentando fazer isso. Quando os músculos do Cérebro QP são ativados, você automaticamente tem maior acesso às partes mais profundas e produtoras de percepção do seu cérebro em comparação ao lado esquerdo, mais superficial, que é o que você ativaria se pensasse muito sobre o que está acontecendo. Você vai ter essas percepções sem realmente saber como surgiram. Você já deve ter tido experiências assim, na natureza ou se exercitando, tomando um banho ou apenas acordando, quando de repente a neblina some e você vê as coisas claramente. Essas experiências acontecem porque essas ocasiões intensas de sensações silenciaram seu lado esquerdo e ativaram as regiões do Cérebro QP. Com a prática QP, você aprende a induzir esse tipo de experiência que produz percepções quando quiser e com mais consistência.

O objetivo deste livro não permite uma discussão profunda de neurociência. Fiz algumas generalizações para destacar as diferenças essenciais entre os Cérebros Sobrevivente e QP. Em um nível mais detalhado, o cérebro não é diferenciado de maneira tão clara e há certa sobreposição entre os dois cérebros em quase tudo o que fazemos. Se você estiver interessado em uma compreensão mais detalhada do cérebro, houve uma explosão de novas pesquisas e livros nos anos recentes. Dois grandes exemplos são *O Poder da Visão Mental: O caminho para o bem-estar*, do dr. Daniel J. Siegel (Best-Seller, 2012) e *The Mind and the Brain: Neuroplasticity and the Power of Mental Force*, de Jeffrey M. Schwartz e Sharon Begley (Harper Perennial, 2003).

Espero que este livro tenha inspirado você a desenvolver pelo menos tanta compreensão sobre seu cérebro quanto você tem sobre seu corpo. Afinal, é nosso cérebro que orquestra nossa experiência toda de vida.

AGRADECIMENTOS

Acredito que, como líderes e coaches, precisamos executar aquilo que pregamos. A estrutura e as ferramentas da Inteligência Positiva estão profundamente enraizadas em minha prática de décadas para melhorar a mim mesmo. Meus reconhecimentos e minha gratidão, portanto, se estendem àqueles que me guiaram nessa jornada de descoberta e crescimento.

A meus clientes: sua coragem em ir além de seus limites me desafiou a continuar a fazer o mesmo ao longo desses anos todos. Obrigado por me darem permissão para contar suas histórias neste livro.

Ao professor David Bradford, de Stanford: seu curso mudou minha vida e me mostrou que um lucro maior e mais autenticidade podiam andar de mãos dadas. Passar de seu aluno a seu colega e colaborador foi uma das aventuras mais emocionantes da minha vida.

À Escola de Administração de Stanford: é uma grande honra pertencer a uma instituição que nunca descansa em sua posição de liderança e sabe como se reinventar constantemente. Obrigado por me dar uma plataforma para fazer diferença.

A Henry Kimsey-House: você é meu modelo de pureza e integridade de visão. Aprendi com você a me manter firme contra as tentações constantes da aceitação conveniente. Você é a pessoa "extremamente importante" mais gentil e sábia que conheço.

A Karen Kimsey-House: você me ensinou sobre o núcleo da liderança. Você me mostrou como honrar relacionamentos acima de tudo e a lutar

Agradecimentos

por esses relacionamentos com coragem e verdade. Obrigado por lutar pelo nosso; é um dos relacionamentos que mais aprecio na vida.

À falecida Laura Whitworth: você foi uma guerreira ativa em prol do jeito Coativo. Sinto falta de seu desafio ousado e constante ao status quo. Espero que finalmente esteja tendo o descanso que tanto mereceu.

Aos docentes e funcionários do CTI: obrigado por percorrerem o caminho Coativo. É inspirador ver o poder do que acontece quando uma comunidade grande e diversificada espalhada pelo planeta pode responsabilizar uns aos outros por ir das palavras às ações.

A YPO e WPO: como uma organização de 20 mil presidentes e CEOs interligados em rede pode parecer tão íntima e pessoal? Enquanto tentava descobrir a resposta, aprendi muito sobre liderança e confiança. Obrigado por oferecerem uma cura tão perfeita para minha "solidão no topo".

Aos meus colegas de fórum no YPO: vocês sabem quem são e o que significam para mim. Como eu poderia ter escrito este livro sem seu apoio constante e aquele chute tão importante no traseiro que me tirou da minha zona de conforto e me fez terminar o livro?

A Crit Brookes: Fui apresentado a você depois que falei para uma pessoa que seria ótimo ter um Yoda na minha vida. Você incorpora essa sabedoria imortal que iluminou meu caminho.

A WhiteEagle: que honra ter sido seu aluno, desafiado ao extremo. As tradições de sabedoria antiga que você me ensinou tiveram papel muito importante em modelar quem eu sou. Você me ajudou a ser inteiro.

A Judy e Bob Waterman: que exemplos incríveis vocês foram sobre como ser um casal, pai e mãe, líderes, colegas e cidadãos do mundo. Judy, conhecer você mudou o curso da minha carreira ao tornar MindSteps possível. Obrigado por sua visão e parceria.

Aos meus colegas, investidores e membros da comissão do Mind-Steps: nós nos juntamos para mudar o mundo. Mal sabíamos que íamos mudar as vidas uns dos outros antes de qualquer outra coisa. Que aventura! Que honra ter trabalhado com vocês.

Aos muitos autores que inspiraram meu trabalho: a Jim Collins, Stephen Covey, Malcolm Gladwell, Daniel Pink e Patrick Lencioni por me mostrarem o quanto escrever um texto profundamente revelador em nosso campo podia ser envolvente, acessível e revolucionário; a Daniel Goleman por despertar o mundo profissional para a importância crítica da inteligência emocional e por preparar o caminho para o meu trabalho e o de muitos outros; a Don Riso e Russ Hudson por suas contribuições perspicazes à minha compreensão de diferenças de personalidade; e a Eckhart Tolle por destilar a sabedoria das idades de uma forma que eu conseguisse ouvir.

A pesquisadores pioneiros em psicologia positiva, ciência organizacional e neurociência — em particular, Barbara Fredrickson, Marcial Losada, Marty Seligman e Dan Siegel: meu trabalho é sustentado pelos ombros de vocês. O rigor de suas pesquisas forneceu o elo que faltava entre uma compreensão intuitiva do poder desse trabalho e uma explicação verossímil do motivo de ele funcionar. Seu trabalho mudou muitas vidas.

A Shawn Achor: só conheço você há poucos meses e já parece uma amizade de vida inteira. Como colega de trabalho na liderança e na busca, você combina uma mente brilhante com um coração puro. Sou inspirado por você e abençoado por tê-lo como colega e amigo.

A meu agente, Jim Levine: eu conhecia sua reputação excepcional de rigor intelectual e verdadeira parceria com seus autores. Mas ainda fiquei surpreso por você ter sido a primeira pessoa a entender completamente meu sonho para este livro, de todos os ângulos: visão, ciência, "arte", conteúdo, plataforma integrada e futuras possibilidades. Até você, todo mundo tinha entendido e apreciado uma parte do elefante. Você foi o primeiro a vê-lo inteiro. Existe um enorme poder em ser visto por inteiro e ter uma parceria por inteiro. Obrigado por essa dádiva.

À grande equipe do Greenleaf Book Group: a Clint Greenleaf — obrigado por criar um modelo de publicação para a era digital que trata o autor como verdadeiro parceiro e o livro como parte de sua plataforma de comunicação complexa e integrada. A Bill Crawford, meu primeiro e mais prestativo editor — você me ajudou a encarar uma tonelada de conteúdo, simplificá-lo e organizá-lo coerentemente para atingir o impacto desejado. Sua contribuição foi incalculável e terei um débito eterno com você. Obrigado também a meus maravilhosos editores subsequentes, Jay Hodges e Aaron Hierholzer. Obrigado a Heather Jones por seu olho atento aos detalhes, e a Bryan Carroll por sua organização firme mas atenciosa do planejamento e do processo. A Sheila Parr — obrigado por seu design belo e elegante, que reflete tanto quem você é como pessoa. Obrigado a David Hathaway por suas excelentes opiniões sobre a distribuição de livros. E a Justin Branch — obrigado por guiar todo o relacionamento com cuidado firme. Foi um grande ato de classe de todo mundo do Greenleaf — sou muito grato.

A meus grandes parceiros em passar a mensagem e apresentar a Inteligência Positiva e o QP para o mundo: David Hahn, Lori Ames, Andrew

Agradecimentos

Palladino e Alexandra Kirsch do MEDIA CONNECT, Steve Bennett e Deb Beaudoin do AuthorBytes, e Carolyn Monaco. É emocionante fazer parceria com os melhores da turma. Obrigado.

E, por fim, mas não menos importante, a Ladan Chamine: você é uma verdadeira graça — uma obra de arte viva. Obrigado por sua paciência, seu apoio e seu sacrifício ao longo das intermináveis horas pesquisando, escrevendo e reescrevendo. Fizemos isso juntos.

Minha visão para *Inteligência Positiva* é que ela vai mudar incontáveis vidas, individualmente e pela transformação de como as organizações e as instituições veem e desenvolvem as pessoas. Meu trabalho é uma cocriação e pertence ao tecido trançado dos muitos que contribuíram com ele, direta ou indiretamente. O impacto deste trabalho no mundo é nosso impacto coletivo. Somos parte desse belo mistério do desabrochar do potencial humano. Acredito apaixonadamente que os melhores dias para nós, humanos neste universo, ainda estão para chegar. Mal conseguimos alcançar nosso verdadeiro potencial. Que alegria e honra é ser parte do desenrolar desse grande mistério.

NOTAS

1   Sonya Lyubomirsky, Laura King e Ed Diener, "The Benefits of Frequent Positive Affect: Does Happiness Lead to Success?" *Psychological Bulletin* 131, n° 6 (2005): 803-55.

2   Martin Seligman, *Aprenda a Ser Otimista* (Rio de Janeiro: Nova Era, 2005). Esse livro deriva do trabalho pioneiro de Martin Seligman com vendedores de seguros do MetLife. Seligman mediu os vendedores em relação a "estilo explicativo" otimista e pessimista, que é relacionado ao modo como interpretam adversidades. Ele mostrou que os vendedores com estilos mais otimistas vendiam 37% mais seguros que os com estilo pessimista. Em QP, o estilo pessimista é atribuído aos Sabotadores, e o estilo otimista é atribuído ao Sábio, o que significa que as pessoas com estilo otimista exibiam QP mais alto. O trabalho de Seligman é descrito nesse seu livro revolucionário.

3   Shirli Kopelman, Ashleigh Shelby Rosette e Leigh Thompson, "The Three Faces of Eve: Strategic Displays of Positive, Negative and Neural Emotions in Negotiations", *Organizational Behavior and Human Decision Processes* 99 (2006): 81-101.

4   Gallup-Healthways Well-Being Index (2008). É uma avaliação da saúde e do bem-estar dos residentes dos Estados Unidos, na qual mil adultos são entrevistados todos os dias. Considerando a estrutura do modelo QP, um funcionário "infeliz" é um funcionário com QP baixo, independentemente das circunstâncias.

5   Carlos A. Estrada, Alice M. Isen e Mark J. Young, "Positive Affect Facilitates Integration of Information and Decreases Anchoring in Reasoning Among Physi-

Notas

cians", *Organizational Behavior and Human Decision Processes* 72 (1997): 117-35.

6 Tanis Bryan e James Bryan, "Positive Mood and Math Performance", *Journal of Learning Disabilities* 24, nº 8 (outubro de 1991): 490-94.

7 Shawn Achor, *O Jeito Harvard de Ser Feliz* (São Paulo: Saraiva, 2012). Achor mostra dados sobre o impacto de um CEO feliz em sua equipe. Isso se traduz diretamente em CEOs com QP alto.

8 Achor, *O Jeito Harvard de Ser Feliz*. Achor discute um estudo sobre gerentes encorajadores contra gerentes que são menos positivos e menos abertos a elogios. Isso se traduz em gerentes com QP alto e QP baixo.

9 Barry M. Staw e Sigal G. Barsade. "Affect and Managerial Performance: A Test of Sadder-but-Wiser vs. Happier-and-Smarter Hypotheses", *Administrative Science Quarterly* 38, nº 2 (1993): 304-31.

Thomas Sy, Stéphane Côté e Richard Saavedra, "The Contagious Leader: Impact of the Leader's Mood on the Mood of Group Members, Group Affective Tone, and Group Processes", *Journal of Applied Psychology* 90, nº 2 (2005): 295-305.

10 Michael A. Campion, Ellen M. Papper e Gina J. Medsker, "Relations Between Work Team Characteristics and Effectiveness: A Replication and Extension", *Personnel Psychology* 49 (1996): 429-52. Nesse estudo, os pesquisadores analisaram 357 funcionários, 93 gerentes e sessenta equipes. O maior previsor da realização relativa de uma equipe era o que os membros sentiam em relação aos outros, o que também é como pontuações QP de grupos são calculadas.

11 Marcial Losada, (1999). "The Complex Dynamics of High Performance Teams", *Mathematical and Computer Modeling* 30, nº 9-10 (1999): 179-92.

Marcial Losada e Emily Heaphy, "The Role of Positivity and Connecivity in the Performance of Business Teams: A Nonlinear Dynamics Model", *American Behavioral Scientist* 47, nº 6 (2004): 740-65. A característica de alto QP discutida foi ser abertamente encorajadora contra as características de baixo QP de ter condutas controladoras, distantes ou negativas.

12 Sarah D. Pressman e Sheldon Cohen, "Does Positive Affect Influence Health?", *Psychological Bulletin* 131, nº 6 (2005): 925-71.

Michael F. Scheier et al., "Dispositional Optimism and Recovery from Coronary Artery Bypass Surgery: The Beneficial Effects on Physical and Psychological Well-being", *Journal of Personality and Social Psychology* 57, nº 6 (1989): 1.024-040.

Glenn V. Ostir et al., "The Association Between Emotional Well-being and the Incidence of Stroke in Older Adults", *Psychosomatic Medicine* 63, nº 2 (2001): 210-15.

Laura Smart Richman et al., "Positive Emotion and Health: Going Beyond the Negative", *Healthy Psychology* 24, nº 4 (2005): 422-29.

Sheldon Cohen et al., "Emotional Style and Susceptibility to the Common Cold", *Psychosomatic Medicine* 65, nº 4 (2003): 652-57.

Andrew Steptoe et al., "Positive Affect and Health-related Neuroendocrine, Cardiovascular, and Inflammatory Responses", *Proceedings of the National Academy of Sciences* 102, nº 18 (2005): 6.508-12.

13   Deborah D. Danner, David A. Snowdon e Wallace V. Friesen, "Positive Emotions in Early Life and Longevity: Findings from the Nun Study", *Journal of Personality and Social Psychology* 80, nº 5 (2001): 804-13.

Judith Rodin and Ellen J. Langer, "Long-term Effects of a Control-relevant Intervention with the Institutionalized Aged", *Journal of Personality and Social Psychology* 35, nº 12 (1977): 897-902.

14   Barbara Fredrickson, *Positividade: Descubra a Força das Emoções Positivas, Supere a Negatividade e Viva Plenamente* (Rio de Janeiro: Rocco, 2009).

Achor, *O Jeito Harvard de Ser Feliz.*

Martin Seligman, *Florescer: Uma Nova Compreensão sobre a Natureza da Felicidade e do Bem-estar* (Rio de Janeiro: Fontanar, 2011).

Tal Ben-Shahar, *The Pursuit of Perfect: How to Stop Chasing Perfectionism and Start Living a Richer, Happier Life* (Nova York: McGraw-Hill, 2009).

15   Esse curso revolucionário foi criado pelo professor David L. Bradford (com Jerry Porras), que atualmente tem o título de Eugene O'Kelly II Palestrante Sênior Emérito em Liderança na Escola de Administração de Stanford. Esse curso foi um dos mais populares do currículo de Stanford nas últimas quatro décadas. Seu impacto transformador não atingiu exclusivamente a mim; ele costuma ser citado pelos alunos como uma das experiências mais duradouras e valiosas de seus estudos para o MBA. O professor Bradford é autor de vários livros, incluindo dois com coautoria de Allan Cohen — *Influência sem Autoridade* e *Power Up: Transforming Organizations Through Shared Leadership.*

16   Isso está ligado à dinâmica do vórtice QP, discutida no Capítulo 8. Apenas 20% de equipes e indivíduos pontuam acima do ponto de virada, no qual a mudança positiva é apoiada, em vez de encontrar resistência.

17   Jonathan Haidt explica esse fenômeno em certa profundidade em seu revelador livro *Uma Vida que Vale a Pena: Ela Está Mais Perto do que Você Imagina* (Rio de Janeiro: Campus, 2006).

18   Eckhart Tolle, *Um Novo Mundo: O Despertar de uma Nova Consciência* (Rio de Janeiro: Sextante, 2007).

Notas

19 Daniel Gilbert, *O que nos Faz Felizes: O Futuro nem Sempre É o que Imaginamos* (Rio de Janeiro: Campus, 2006). Gilbert, professor de psicologia de Harvard, fez um trabalho fascinante ao comparar a felicidade de vencedores de loteria com a de vítimas de acidentes que ficaram tetraplégicas.

20 Informação obtida no website de Mothers Against Drunk Driving (MADD): www.madd.org.

21 John Milton, *Paraíso Perdido* (São Paulo: Martin Claret, 2002).

22 Estou certo de que não sou o primeiro a citar a expressão "a felicidade é um jogo interior", como revela uma busca no Google. Há pelo menos dois livros com o título *Happiness Is an Inside Job* (A felicidade é um trabalho interior), um de Sylvia Boorstein (na edição brasileira, *É Mais Fácil do que Você Pensa*) e outro de John Powell.

23 Jill Bolte Taylor, *A Cientista que Curou Seu Próprio Cérebro* (Rio de Janeiro: Ediouro, 2008). Você talvez queira assistir ao discurso inspirador da dra. Taylor na conferência TED. É possível encontrá-la com uma busca pelo nome dela no website do TED (www.ted.com).

24 Muitas pesquisas validaram essas declarações de ângulos diferentes. As seguintes oferecem um pequeno exemplo, como ponto de partida:

Sara W. Lazar et al., "Functional Brain Mapping of the Relaxation Response and Meditation", *Neuroreport* 11, nº 7 (2000): 1.581-5.

Bruce R. Dunn et al., "Concentration and Mindfulness Meditations: Unique Forms of Consciousness?", *Applied PsychoPhysiology and Biofeedback* 24, nº 3 (1999): 147-65.

Ulrich Kirk, Jonathan Downar e P. Read Montague (2011). "Interoception Drives Increased Rational Decision-making in Meditators Playing the Ultimatum Game", *Frontiers in Decision Neuroscience* 5:49 (abril de 2011): doi: 10.3389/fnins.2011.00049.

H. C. Lou et al., "A 15O-H2O PET Study of Meditation and the Resting State of Normal Consciousness", *Human Brain Mapping* 7, nº 2 (1999): 98-105.

J. R. Binder et al., "Conceptual Processing During the Conscious Resting State: A Functional MRI Study", *Journal of Cognitive Neuroscience* 11, nº 1 (1999): 80-93.

Jason P. Mitchell et al., "Distinct Neural Systems Subserve Person and Object Knowledge", *Proceedings of the National Academy of Science* 99, nº 23 (2003): 15, 23-43.

Debra A. Gusnard e Marcus E. Raichle, "Searching for a Baseline: Functional Imaging and the Resting Human Brain", *Nature Reviews Neuroscience* 2, nº 10 (2001): 685-94.

John Kounios et at., "The Prepared Mind: Neural Activity Prior to Problem Presentation Predicts Subsequent Solution by Sudden Insight", *Psychological Science* 17, nº 10 (outubro de 2006): 882-90.

James H. Austin, *Zen and the Brain: Toward an Understanding of Meditation and Consciousness* (Cambridge, MA: MIT Press, 1998).

25 Maxwell Maltz, *The New Psycho-Cybernetics* (Nova York: Penguin Putnam, 2001).

26 Philip Brickman, Dan Coates e Ronnie Janoff-Bulman, "Lottery Winners and Accident Victims: Is Happiness Relative?", *Journal of Personality and Social Psychology* 36, nº 8 (agosto 1978): 917-27.

27 Sonya Lyubomirsky, Kennon M. Sheldon e David Schkade, "Pursuing Happiness: The Architecture of Sustainable Change", *Review of General Psychology* 9, nº 2 (2005): 111-31.

28 Losada, "The Complex Dynamics of High Performance Teams", 179-92.
Losada, "The Role of Positivity and Connectivity in the Performance of Business Teams: A Nonlinear Dynamics Model", 740-65.

29 Barbara Fredrickson e Marcial Losada, "Positive Affect and the Complex Dynamics of Human Flourishing", *American Psychologist* 60, nº 7 (2005): 678-86. Fredrickson e Losada relataram que a pontuação positiva/negativa (proporção de positividade) em uma população era de 3,2 para indivíduos florescentes contra 2,3 para indivíduos inertes. Na segunda população, era de 3,4 para os florescentes e de 2,1 para os inertes.

30 Malcolm Gladwell, *Blink — A Decisão num Piscar de Olhos* (Rio de Janeiro: Rocco, 2005).
John M. Gottman e Robert W. Levenson, "The Timing of Divorce: Predicting When a Couple Will Divorce Over a 14-Year Period", *Journal of Marriage and the Family*, 62 (2000): 737-45.

31 Robert M. Schwartz et al., "Optimal and Normal Affect Balance in Psychotherapy of Major Depression: Evaluation of the Balanced States of Mind Model", *Behavioural and Cognitive Psychotherapy* 30 (2002): 439-50. Schwartz é um psicólogo clínico que categorizou as pessoas em três grupos: patológicas, normais e mais adequadas. O modelo matemático dele previa suas pontuações QP equivalentes em 38, 72 e 81, respectivamente. Isso foi empiricamente confirmado em suas pesquisas.

32 Eyal Ophir, Clifford Nass e Anthony D. Wagner, "Cognitive Control in Media Multitaskers", *Proceedings of the National Academy of Sciences* 106, nº 37 (agosto de 2009): 15, 583-15, 587.

33 Adam Gorlick, "Media Multitaskers Pay Mental Price, Stanford Study Shows", *Stanford Report*, Stanford University, 24 de agosto de 2009.

34 "Interview: Clifford Nass", *Frontline: Digital Nation*, acessado em 10 de janeiro de 2012, http://www.pbs.org/wgbh/pages/frontline/digitalnation/interviews/nass.html#2.

Notas

35 Jim Collins, *Good to Great: Empresas Feitas para Vencer* (Rio de Janeiro: Campus, 2001).

36 Arbinger Institute, *Saia da sua caixa* (Rio de Janeiro: Record, 2003).

37 Robert Zajonc et al., "Feeling and Facial Efference: Implications of the Vascular Theory of Emotion", *Psychological Review* 96, nº 3 (julho de 1989): 395-416.

38 Devo a inspiração para o formato da história da visão ao meu amigo George Johnson. Ele depois veio a desenvolver a ideia da TEL.A.VISION (www.telavision.tv), um empenho on-line sem fins lucrativos para dar voz aos jovens por meio de vídeos pessoais sobre visão.

39 James H. Fowler e Nicholas A. Christakis, "Dynamic Spread of Happiness in a Large Social Network: Longitudinal Analysis Over 20 Years in the Framingham Heart Study", *British Medical Journal* 337, nº a2338 (2008): 1-9.

1ª EDIÇÃO [2013] 27 reimpressões

ESTA OBRA FOI COMPOSTA EM ADOBE GARAMOND PELA ABREU'S SYSTEM
E IMPRESSA EM OFSETE PELA LIS GRÁFICA SOBRE PAPEL PÓLEN DA
SUZANO S.A. PARA A EDITORA SCHWARCZ EM JUNHO DE 2024

A marca FSC® é a garantia de que a madeira utilizada na fabricação do papel deste livro provém de florestas que foram gerenciadas de maneira ambientalmente correta, socialmente justa e economicamente viável, além de outras fontes de origem controlada.